Les disparues de l'affaire Benitez

Pauline Lallement

Les disparues de l'affaire Benitez

récit

Flammarion

Ouvrage publié sous la direction de Véronique de Bure

ISBN : 978-2-0802-9492-0

Avertissement

Des prénoms ont été modifiés pour préserver la vie privée de certaines personnes.

Ce récit s'est construit grâce à des éléments d'enquêtes et aux entretiens enregistrés par l'auteure, entre 2013 et 2015.

En l'absence de procès, Francisco Benitez ainsi que tout autre protagoniste bénéficient de la présomption d'innocence.

« C'est drôle, dit le légionnaire, chaque fois que je pense à la campagne de Libye, il me prend une soif sans fin comme si je me trouvais dans le désert avec les vents de sable qui vous dessèchent la gorge et ces rêves qui vous suivent tout le temps, de la bière bien fraîche… de la bière bien fraîche. Quand on a mené cette vie-là pendant des mois et des mois, il en reste toujours quelque chose dans le corps et dans la tête. »

Kessel, *Tous n'étaient pas des anges.*

« Vous êtes la dernière personne à l'avoir vu en vie »

Lundi 5 août 2013, 7 heures, Perpignan

J'ouvre les yeux, son corps vient d'être découvert.

Je ne le sais pas encore.

J'extirpe mon téléphone de sous les oreillers, la luminosité me fait plisser les yeux. Je n'ai aucune nouvelle. Je m'en doutais, j'ai dormi d'un demi-sommeil, à l'affût de la moindre vibration.

Par automatisme, j'allume la tête de lit et récupère la télécommande posée sur la table de chevet. Je me lève à peine. Je me dis que tout est à portée de main dans cet hôtel. Je pourrais être dans n'importe quel Best Western du monde, je retrouverais ce même décor, standardisé et ajusté au centimètre près.

Le logo de la télé apparaît avec deux notes musicales, trop bruyantes. Je zappe frénétiquement jusqu'à ce que je trouve BFM, sur la quinze, en pleine matinale. Le président Hollande se repose à la Lanterne et les steaks *in vitro* se fabriquent à prix d'or [1]. Le présentateur découpe ses

---

1. Le 5 août 2013, le professeur Mark Post de l'université de Maastricht a goûté le premier steak *in vitro* dans son laboratoire de Londres.

syllabes et insiste sur le montant. Je reconnais l'intonation forcée apprise en école de journalisme. Aucun mot sur la disparition d'une future Miss France et de sa mère à Perpignan, aucune piste, ni garde à vue de Francisco Benitez, le père légionnaire. Je coupe le son et laisse défiler les images.

J'ai besoin d'en savoir plus avant midi. Passé ce délai, je louperai le bouclage et il n'y aura rien dans *Paris Match*.

Je vais le rappeler. Je pense être en position de force. Il n'a plus le choix. La rumeur l'incrimine et le pousse à se défendre. Ma ténacité paiera. Confiante sur mes chances de succès, je lance l'appel.

Fin de non-recevoir. Il a éteint son portable.

Je recommence. Et retombe sur la messagerie automatique. Je bafouille quelques mots d'une voix un peu trop enfantine. C'est plus fort que moi, je prends toujours cette petite voix lorsque je ne suis pas totalement à l'aise.

« Monsieur Benitez, je vous contacte comme convenu pour l'interview de ce matin, rappelez-moi. »

Il faut encore attendre. Persuadée qu'il va rapidement me joindre, je me douche en vitesse. J'enfile un tee-shirt blanc et un short noir. Je me regarde dans le miroir de l'entrée et je me dis que je fais peut-être un peu vacancière, mais le reportage s'éternise et je n'ai plus rien d'autre à me mettre. Je range mes affaires et replie les coupures de presse éparpillées sur le sol.

Ce soir, je serai chez moi.

Mon portable vibre. Je fais un bond sur le lit. Il doit être autour de 8 heures, je n'ai pas noté l'heure exacte.

Le correspondant s'affiche. « Inconnu ». C'est lui, j'en suis sûre.

— Allô ?

— Commandant Chevin, du SRPJ de Perpignan. Est-ce que je parle à Pauline Lallement ?

Je sens l'arrivée d'une mauvaise nouvelle. J'acquiesce comme s'il était face à moi et sors un « oui » à peine audible. Je me méfie.

Je m'apprête à lui dire que je n'ai rien fait de mal mais mon interlocuteur ne m'en laisse pas le temps et prend sa voix procédurière.

— L'adjudant-chef Francisco Benitez a été retrouvé mort, dans sa caserne à la Légion, ce matin. Il s'est pendu.

Chevin s'est déchargé de la nouvelle sans ménagement. Il aurait vidé son chargeur sur une cible d'entraînement que ça aurait été à peu près pareil. Rapide, précis, il rapporte les faits. Je reçois l'information comme une déflagration et reste muette, tétanisée.

Chevin me rattrape.

— J'ai besoin de votre déposition, vous êtes la dernière personne à l'avoir vu en vie.

Il appuie sur chacun de ses mots et la vague d'interrogations reflue.

Ils sont au courant. J'en étais sûre, ils le suivaient déjà quand je l'ai rencontré hier dans sa voiture. Chevin me presse, il a besoin d'une déposition. Il insiste, lourdement même, alors j'accepte. Je trouve le stylo de l'hôtel et note l'adresse en travers d'une page de mon carnet : SRPJ, 19 avenue de Prades.

Je raccroche, hébétée. J'aimerais en savoir plus, qu'on m'explique ce qui est en train de se passer.

Je ne ressens rien. J'ai du mal à saisir le drame qui vient de se jouer. J'ai bien la gorge nouée, mais aucune larme ne coule. Je me demande si je devrais avoir de la peine. Je n'ai perdu personne, ce n'était ni mon père, ni mon frère, pas même un ami.

J'ai besoin de formuler ce que je viens d'entendre, je dois parler à quelqu'un. J'appelle la rédactrice en chef du service actualité, à *Paris Match*.

— Le père s'est suicidé. Je suis la dernière personne à l'avoir vu en vie. Les flics veulent me voir.

Je répète les mots de Chevin, sans mesurer la dimension de cette nouvelle pour le journal.

— OK (silence). Ça va, toi ?

— Oui, qu'est-ce que je dois faire maintenant ?

Je me tiens prête, en bon soldat qui attend l'ordre de mission.

— Tu vas chez les flics et tu chopes des infos.

Son cerveau s'anime. À l'entendre, je sens que son niveau de dopamine grimpe.

— On va annoncer quelques détails sur ta rencontre avec Benitez mercredi, sur le site Internet de *Match*. En attendant, tu ne réponds à aucun journaliste, on garde l'exclusivité pour le *print* qui sortira jeudi. On va modifier le chemin de fer, il faudra plus de pages que prévu.

Je comprends qu'elle va feuilletonner le scoop, le découper pour tout révéler le jour de la parution en kiosques. Je découvre cette redoutable technique de marketing : entretenir le suspense pour piquer l'intérêt du lecteur et l'attirer vers le magazine. Elle n'attend pas une validation de ma part et raccroche.

Rien ne tient debout et c'est effrayant.

« Le père d'Allison et époux de Marie, disparues depuis le 14 juillet dernier, a été retrouvé pendu ce matin. » Il est 8 h 47, RTL récupère l'information et Twitter embrase le bûcher. L'affaire de Perpignan s'est trouvé un nom, celui de Benitez. La nouvelle se répand et jaillit partout. Spectatrice de mon propre reportage, je reste calme.

Je descends dans la salle de petit-déjeuner. Les clients ont déserté pour reprendre la route des vacances. Je m'installe à une table intacte, sans miettes, avec une tasse de café et le journal du jour. Je parcours les pages, je me dis qu'il est déjà périmé.

Impossible d'ignorer l'écran qui me fait face. Encore BFM qui domine silencieusement les panières de viennoiseries. Soudain, le visage de Benitez.

Il s'affiche là, avec ses gros sourcils et son regard éperdu. *Paris Match* a déjà partagé les images récupérées la veille des mains du légionnaire. Le JT ouvre avec ce que déjà j'appelle « mon » affaire, le faux steak s'est fait détrôner. Je n'entends pas les commentaires des présentateurs mais la légende en capitales suffit : « DISPARUES DE PERPIGNAN : LE PÈRE S'EST SUICIDÉ. » Je me fige. J'écourte le tête-à-tête et remonte dans ma chambre.

Je n'ai toujours pas ouvert les rideaux. Mon portable clignote, à une cadence folle. Je lis : « Ta vidéo fait le buzz », « Tu es une héroïne ». Je ne m'attends pas vraiment à des condoléances, mais encore moins à des éloges. On se réjouit pour moi. Je ne réalise pas. Je ne réponds pas. Le type est mort et je découvre le goût du monstrueux. Ne pas céder à l'angoisse. Le type a quitté la scène, sans me donner son préavis. Il n'y a plus rien à faire. J'ai l'impression d'être désorientée, je me lève et je me rassois, mes commandes abolies. Tout dans cette chambre m'écrase. Je presse ma tête entre mes mains.

Il est mort. Il ne me rappellera pas.

Au même moment, je reçois un e-mail avec de nouvelles consignes d'écriture :

« Il va falloir construire ton papier sous un autre angle, raconter le père, en faire un portrait, mais aussi décrire comment il t'a contactée et reçue. Essaye de comprendre pourquoi il te parle à toi, à ce moment-là. Fais les choses simplement, imagine que tu le racontes à un proche, mais n'en parle pas, surtout, ça te couperait les jambes ! Bon courage. »

Je me dis qu'à Paris, les chefs viennent de se prendre un sacré shoot d'adrénaline avec cette mort quasi en direct. Moi, je suis totalement déroutée, je n'avais pas imaginé être autant bouleversée par ma première semaine de stage.

1.

Quatre jours plus tôt
Jeudi 1er août 2013, 9 heures, Paris

Mon père au volant, en plein été, c'est le meilleur moyen d'être en avance. La radio emplit l'espace. J'ai le trac silencieux, et mon chauffeur ne cause pas. Il porte ses lunettes de soleil sur son air renfrogné. Il se concentre, pas vraiment sur sa conduite mais plutôt sur sa mission. Ce matin, il m'accompagne. Mon premier jour chez *Paris Match* vaut le déplacement et la traversée de la ville.

Personne sur la route, il n'y a pas besoin de s'énerver. En apercevant la terrasse du bistrot le Gabrielle, je demande une halte. Mon père s'exécute, enclenche les warnings et se gare sur la première place de livraison qu'il trouve.

Je file au comptoir. Je n'ai pas le temps, je commande deux cafés, deux croissants et tire le *Parisien* vers moi. Je l'étale sur l'espace limité du zinc. J'ai l'impression de préparer une antisèche. Après six ans d'études et de concours universitaires, ma mémoire visuelle s'est rodée au bachotage de dernière minute. Je parcours les sujets à toute allure : la chaleur à Paris, les mondiaux de natation, un trader de chez Goldman Sachs condamné pour fraude fiscale. Je tourne encore les pages, je lis sans interruption, j'enregistre les informations et les noms qui défilent. Jusqu'à la page France consacrée à un appel à témoins, qui m'interrompt net. Deux photos collées l'une à l'autre occupent plus de la moitié de la page. La maquette fonctionne et m'interpelle. D'un côté, une jeune fille aux longs cheveux châtains, filtre sépia ; de l'autre une femme, la cinquantaine, coupe au carré, allure rondelette et dos courbé. Celle-là a la posture des gens qui s'excusent.

L'article raconte la disparition simultanée d'Allison, dix-neuf ans, une jeune candidate au titre de Miss Roussillon, et de Marie-Josée, sa mère, cinquante-trois ans. C'est le père d'Allison qui a donné l'alerte, au bout de quinze jours sans avoir reçu de signe de vie de leur part.

Je retiens : concours de Miss et double disparition inquiétante.

Je n'ai pas vraiment de penchant pour les histoires sordides, mais ce résumé m'attire comme la quatrième de couverture d'un bon polar. J'y accroche ma part d'imagination et le fantasme d'une guerre de lionnes où les concurrentes s'affrontent en bandes rivales, jusqu'à éliminer la favorite. Des ennemies en stilettos prêtes à commettre le pire forfait pour une écharpe bleu blanc rouge. Je lance, sûre de moi : « Cette histoire est pour moi. » Mon père, qui a englouti son café d'un trait, m'écoute distraitement, un œil sur sa voiture.

Levallois, moins d'un kilomètre plus tard. Il me donne une tape encourageante sur l'épaule. Devant moi se dresse le paquebot Lagardère, paré de vitrages sans tain. À chaque étage un impressionnant titre de presse : *Journal du dimanche, Elle, Psychologies, Première... Paris Match* occupe la moitié du troisième.

Avant 10 heures, il n'y a pas grand monde. Erreur de débutante, je suis arrivée trop tôt. Je marche sur la moquette grisâtre d'un long couloir qui sent l'humidité. Des parpaings à moitié vitrés séparent des salles encore vides. Parfois, un bocal laisse apparaître des tables encombrées de pages arrachées et de magazines périmés. Des odeurs de clope froide se dégagent du « bureau des photographes ».

Aux murs, des couvertures grand format : 2001, les tours embrasées du World Trade Center ; 1997, Diana en noir et blanc ; 1966, Mickey en larmes pour la mort de Walt Disney.

J'y suis. Service actualité, salle 324.

J'ai vingt-trois ans. Je suis étudiante en deuxième année d'école de journalisme, je rêve de reportages lointains et d'une vie d'aventures à la Kessel, de jouer les funambules sur l'équateur ou de faire le tour du monde de Jules Verne. J'ai dans la tête tous les clichés d'un métier intrépide et grandiose. Je crois que j'ai toujours cherché à avoir une vie un peu différente, avec des histoires à raconter, quelque chose de fort.

Je me prépare à écouter des récits incroyables d'explorateurs. Je croise d'abord deux stagiaires, restés enfermés en plein été, ils ont l'air blasé et las. Ils m'accueillent sans enthousiasme. Ils me jaugent et me reniflent. Je me verrais bien partir en reportage n'importe où, là tout de suite. Pour l'instant, je m'installe au bureau de l'assistante qui est en vacances.

En attendant que l'on me dise ce que je dois faire, j'imite les deux autres stagiaires, je récupère quelques titres dans la pile de journaux. En silence, je lis *Le Figaro* et *Libération* de la première à la dernière page, je décortique même *L'Équipe* et les grands titres des quotidiens anglais. La veille se poursuit sur les sites de la presse régionale et sur Twitter. Chacun à son bureau tente de débusquer la bonne info qui pourrait se décliner en histoire.

Le téléphone devant moi se met à sonner. Une voix rapide et assurée me demande l'assistante. « Elle n'est pas là, je peux prendre un message ? » Je note et raccroche.

Fin de matinée, toujours personne, à part les deux stagiaires. Je me demande un peu ce que je fais là, lorsqu'une femme blonde, pressée, déboule dans le grand bureau, juste derrière le mien. Elle pose ses clés de voiture et passe une tête. À peine un regard sur moi.

— Il manque un sujet France, vous avez des idées ?

Elle ne s'embarrasse pas d'une quelconque présentation ou d'un geste de bienvenue.

Personne ne répond. Les deux autres plongent la tête dans leurs écrans. Depuis ce matin, j'attends fébrilement qu'il se passe quelque chose, je me dis que cette occasion ne se représentera peut-être pas. Je repense à cette double disparition à Perpignan. Un fait divers, je me dis qu'il n'y a rien de mieux pour se faire les dents, et que c'est la meilleure école pour apprendre à enquêter. J'ai souvent entendu cette réflexion dans la bouche des journalistes. C'est là, maintenant, que je dois m'imposer, la chance ne se représentera peut-être pas. Je me précipite et prends la parole, un peu première de classe.

Je ressors ma liste d'arguments : Miss France, disparition, histoire familiale. J'y crois. Je raconte un scénario, je brode autour de rivalités entre bandes de filles, lance des pistes d'enquête dignes de n'importe quelle sitcom américaine.

La rédactrice en chef me répond « d'accord ». Simplement « d'accord ». Voilà, avec mon scénario un peu bidon, je viens d'arracher mon premier bon de mission ! C'est la force de ce journal, partir à l'intuition, sans avoir la moindre idée de ce qu'on va récolter.

Je reçois un billet d'avion pour Perpignan, départ le lendemain matin. On m'invite à choisir l'hôtel et même le format du carnet à spirale. Le trac du départ me prend à l'estomac.

Je fouille Internet. Peu d'informations sont tombées. Je reprends l'article du *Parisien* : « Les réseaux sociaux muets d'Allison [...] Les deux portables ne fonctionnent plus [...] aucun mouvement sur les cartes bancaires [...] Le parquet a ouvert une enquête de flagrance pour disparition inquiétante [...] Une cellule de cinq enquêteurs s'occupe de l'affaire [...] un numéro vert pour témoigner. »

Après un an d'école de journalisme, j'ai surtout appris qu'il faut respecter des formats, des horaires et quelques techniques d'écriture, comme celle de l'article type du quotidien « en pyramide inversée » : une attaque avec l'essentiel de l'information et les faits les plus récents, quelques précisions, puis une chute bien travaillée pour ajouter de la perspective. Depuis un an, je m'entraîne à hiérarchiser des textes ; à répondre aux questions fondamentales en une phrase : quoi, qui, où, quand, pourquoi ; je commente aussi des sondages politiques du plus général au plus détaillé ; et j'imagine des brèves avec d'illustres personnages qui décèdent. Pour le reste, la vie d'un journal, le travail au sein d'une rédaction, autant que l'enquête me paraissent flous. Je vais devoir aller à la rencontre de témoins, frapper aux portes d'inconnus, de gens bouleversés peut-être, contacter les proches des deux disparues... Comment m'y prendre ? Comment les aborder avec tact, pénétrer leur intimité sans les heurter ? Je prends conscience, assez rapidement, qu'il me manque quelques bases de psychologie ou de criminologie. Je n'ai aucun mode d'emploi. Je vais devoir improviser.

Je me fie à mon bon sens. Je surligne les ficelles à tirer et commence par le quartier du Bas-Vernet de Perpignan, où habitent les disparues. Je n'ai jamais mis les pieds dans cette ville. J'ai besoin de me repérer dans l'espace. Je m'imprime le plan, j'entoure de Stabilo les rues et le périmètre de mes recherches. Je note qu'Allison a participé à une élection locale intitulée « Miss Conflent », du nom de la région des Pyrénées-Orientales. J'interroge encore le web pour retrouver la moindre information, un truc utile ou même le nom de ses concurrentes. Je retrouve Allison en photo avec une robe de gala, rouge et noir, très flamenco. Ce jour-là, Allison a remporté l'écharpe de première dauphine. Un titre trompeur pour dire qu'elle est la deuxième plus belle. Elle n'a pourtant pas complètement échoué, son titre la qualifie à la prestigieuse et rigoureuse compétition du Roussillon, dernière marche avant le national, le plateau de TF1 et bientôt, peut-être, le diadème.

Dans *La Dépêche du Midi*, ils parlent aussi des Miss ; Cindy Filipiak, la représentante régionale du comité, décrit Allison « en candidate ultra-motivée ». Le témoignage est bateau, mais qui sait, peut-être en sait-elle davantage.

J'apprends qu'Allison suit un apprentissage en coiffure, je surligne le nom de l'école, Giorgifont II, et je m'imprime les noms de tous les salons proches de chez elle : Amazone, Caprice, Cathy Olympe.

Entrer par effraction dans sa vie ne demande pas de réel talent en cybersécurité. Je tape « Allison Benitez » sur Facebook et j'ouvre son journal numérique. Tout est public. En couverture, la brochette des douze candidates au titre de Miss Roussillon. On croirait voir des jeunes filles qui jouent aux célébrités, ces princesses du nouveau monde ; des petites personnes, pas tout à fait adultes, avec leurs cheveux longs qui volent au vent. Elles s'enlacent et s'agglutinent les unes aux autres pour entrer dans le cadre. L'effet de groupe fonctionne. La plastique impeccable, elles affichent des sourires publicitaires remplis de dents bien blanches. Je repère Allison, la deuxième en partant de la gauche. Clic droit, j'enregistre l'image dans un dossier destiné à celles que j'appelle déjà « mes disparues ».

La page Facebook s'est figée le 13 juillet, avec une citation pleine de spleen piochée dans les dialogues de la série médicale *Grey's Anatomy*.

« Chaque personne qu'on s'autorise à aimer est quelqu'un qu'on prend le risque de perdre. »

Quelques jours plus tôt, elle reprenait des extraits de la chanson *Papaoutai* de Stromae.

« Hein sacré papa !

Dis-moi où es-tu caché ?! »

Elle ne s'explique pas davantage, laisse le mystère s'installer. Je poursuis ma fouille et laisse défiler le portfolio d'Allison. Je me plonge dans l'écrin qu'elle s'est créé. Les premiers clichés postés montrent des traits encore arrondis de l'adolescence. À mesure que je remonte le temps, ses sourcils se dessinent et le khôl s'épaissit sur des paupières charbonneuses. Allison immortalise sa transformation physique de jeune fille presque femme. Ses choix capillaires, aussi, des boucles rondes au lissage brésilien. Elle constitue son book. Dans le reflet du miroir, elle prend la pose ; seule, dans les jardins publics de Perpignan ; seule encore, sur les marches d'un escalier en marbre jaune ; seule toujours, devant un drap blanc, en robe bustier, talons à la main. Elle compose son décor. Parfois, elle se montre suggestive, se sexualise, dénude une épaule, la tête relâchée en arrière et le brushing stoïque.

Fin des trouvailles. J'enregistre l'album. Je recopie ses publications.

Peu à peu, au fil des images et des commentaires, se dessine en creux la relation d'Allison avec sa mère. Marie-Josée commente en abondance les sorties de sa fille, « tu es très jolie ». Leurs échanges montrent la force de leur lien. Allison renchérit, « c'est moi qui suis fière de toi t'es la plus forte ».

J'ouvre un nouvel onglet avec le compte de Marie-Josée. La récolte est plus maigre. La mère de famille tue le temps avec des jeux en ligne et relaie quelques articles locaux consacrés aux Miss. Sa fille sera vedette, elle l'imagine déjà en couverture des magazines. Leurs vies vont bientôt changer.

Je navigue entre les profils. Je clique sur toutes les personnes qui partagent publiquement les avis de recherche d'Allison. Je cherche la famille, les amis, les Miss. J'envoie des messages à ceux qui retiennent mon attention. J'étends mes champs d'investigation, exhume Instagram et le blog personnel d'Allison sur le site Skyrock. Toujours les mêmes photos aux teintes irisées. Dans un post le 13 janvier 2013, elle se présente :

Prénom : Allison.
Âge : 18 ans.
Date de naissance : 24/05/94.
Signe astrologique : Gémeaux.
Ville natale : Montpellier.
Habite à : Perpignan.
Taille : 1m74.
Poids : 53 kg.
Yeux : noisette.
Couleur naturelle des cheveux : châtain clair (mais colorés à ce jour)
Profession : coiffeuse.
Fume : non.

Allison incarne sa génération. Elle maîtrise les indispensables artifices, cherche les « likes » et contrôle son image. Sur son compte Twitter encore, elle publie des citations : « Nous aurons le destin que nous aurons mérité » (7 juillet 2013). J'interroge Internet pour en connaître l'origine. Elle apparaît dans des catalogues de proverbes et phrases célèbres et est attribuée à Einstein, qui l'aurait écrite dans son essai politique *Comment je vois le monde*.

Chaque post d'Allison devient un indice. J'imagine déjà les enquêteurs s'attachant à analyser la moindre de ses publications sur les réseaux. Quinze jours après sa disparition, rien n'est exclu, elle peut être séquestrée, en fugue, ou morte… Mes recherches derrière l'écran s'arrêtent là, le dossier d'images constitue une première prise. J'étudie Allison comme un personnage, pas encore comme une victime.

2.

Dix-huit jours plus tôt
Dimanche 14 juillet 2013, 10 heures, Le Barcarès

Le moniteur de Jet Sensation donne ses instructions. Les Miss s'apprêtent à chevaucher l'un des scooters des mers parqués juste là, en rang d'oignons, dans le port de Canet-en-Roussillon. Avec plus ou moins d'aisance, elles se lancent.

Allison se montre agile, elle dompte l'engin sans appréhension et se place comme il faut, face à l'objectif. Le rodéo la laisse intacte. Les vagues se creusent dans le sillage des plaisanciers mais elle maîtrise. Les gerbes d'eau n'atteignent même pas sa mise en plis, parfaite. Derrière elle, Sabine, sa concurrente, se cramponne, sans se défaire de son sourire figé. Les naïades, en maillot de bain, fixent le photographe, John, placé sur un Zodiac. Cindy, fée marraine et présidente du comité Miss Roussillon, lance ses directives dans le bruit des moteurs. Elle aurait aimé un meilleur temps mais se contente de ce ciel gris et incertain. John flashe à chaque passage de Miss. Irrésistible armada. Elles rentrent le ventre, cambrent les lombaires, serrent les omoplates, enfin gonflent leur poitrine engoncée dans le gilet de sauvetage. Là, c'est bien. Elles travaillent leur port de tête comme des danseuses étoiles en équilibre sur les pointes, voilà, elles se donnent l'air plus mince et élégant.

Appliquée, Allison pose pour la photo de sa vie. Il faut plaire, être belle et souriante, joyeuse et insouciante, en toutes circonstances. Des journalistes locaux suivent la joyeuse saynète. Allison le sait, dans la course au titre, les activités sont aussi déterminantes que l'élection, laquelle est prévue le 11 août. Il lui reste moins d'un mois de campagne alors mieux vaut afficher sa bonne humeur. Une dernière photo de groupe en bikini sans les gilets de sauvetage, elles entourent Cindy, puis se rhabillent. À quai, en ce jour de fête nationale, les candidates attirent davantage que les militaires en parade. Elles ont l'air et les manières des personnalités importantes. Les touristes en balade frétillent et réclament des selfies, joue contre joue.

Une fois leurs obligations terminées, elles restent là, un moment, à parler tenues de gala et préparatifs.

Midi, déjà, quelques-unes d'entre elles s'esquivent. Direction la vie normale et leurs petits boulots dans les paillotes de plage. Allison n'a rien d'autre à faire. Depuis qu'elle ne travaille plus au salon de coiffure, elle dit se consacrer à plein temps à l'élection.

Un groupe se forme avec le photographe et deux autres candidates, Sophie et Léa. L'une d'elles propose de déjeuner plutôt que de traîner là dans le port. Allison se laisse convaincre.

Pendant le repas, elle parle peu et n'écoute pas vraiment les conversations consacrées à des futilités, plutôt joyeuses. Elle est absorbée par son téléphone. Le rythme de ses ongles sur l'écran trahit l'énervement. Elle écrit ses messages furieusement, en mitraillette. Principalement à sa mère, mais aussi à une de ses sœurs et quelques copains. Il se passe quelque chose. Elle est absente.

14 h 30, sur la place de la Méditerranée, proche des manèges, le déjeuner se prolonge chez le glacier. Le portable d'Allison sonne, elle se lève et annonce qu'elle doit y aller, son père l'attend. Elle lui a demandé de venir la chercher en voiture. Avant de quitter la table, elle se fait répéter les instructions pour le rendez-vous du lendemain. Au programme, une balade en gyropode, une sorte de trottinette électrique qui permet de visiter la ville sans marcher. « 18 heures ? » Elle y sera. « Allez, à demain les filles ! » lance-t-elle d'une voix enjouée. Allison s'éloigne. Personne ne fait attention. Personne ne la voit s'engouffrer dans la voiture de Francisco Benitez.

À 16 h 49, le portable d'Allison émet un dernier texto. À l'un de ses prétendants, Jordan, elle écrit :

« Je pars. Je vais à Toulouse. »

L'annonce est sèche, sans explication ni sourire, ni aucun des signes affectueux dont elle est coutumière.

Elle disparaît.

Ce soir-là, elle n'a pas assisté au feu d'artifice comme elle l'avait prévu avec Marie-Josée. Ahmed, ce garçon qu'elle a embrassé la veille dans les jardins publics de Perpignan, ne reçoit plus de réponses à ses textos. Il pense qu'elle est déjà passée à quelqu'un d'autre.

Le lundi 15 juillet, à 18 heures, Allison ne se présente pas au rendez-vous gyropode. Les candidates l'appellent, puis l'attendent. 18 h 30, Allison ne répond toujours pas. Elle n'ouvre aucun message qui lui est adressé sur les réseaux. Les Miss s'inquiètent. La nouvelle se répand sur Facebook, Cindy interroge les contacts de son répertoire, un à un. Elle tombe sur Matthieu, jamais loin des Miss, en particulier d'Allison. Mais lui non plus n'a pas de nouvelles. Le comité décide alors de l'envoyer en émissaire au domicile familial rue Richepin, dès le mardi. Il sonne, deux fois, et c'est Francisco Benitez qui apparaît à la fenêtre, torse nu, dégoulinant de transpiration.

— Elles sont parties à Toulouse, elles ont coupé les portables, le rembarre le père de famille.

La réponse est abrupte, mais Toulouse paraît probable, Allison s'est formée dans l'un des salons L'Oréal de la ville. Elle serait partie avec sa mère.

Deux jours passent, toujours rien. Les Miss appellent Cindy, en larmes. Une délégation se forme. Matthieu et Sophie se déplacent à la gendarmerie, puis au commissariat de Perpignan, sans succès.

— Vous n'êtes pas de la famille, elles sont majeures, leur explique-t-on.

Les réseaux sociaux restent le seul moyen d'alerter. Les amis d'Allison rafraîchissent sans cesse son profil Facebook. Ils la harcèlent de points d'interrogation. Abandonner les Miss alors qu'elle vient de recevoir sa robe rouge de gala n'a pas de sens. Le témoignage de Matthieu sur le père dégoulinant de transpiration se propage.

Plus de deux semaines se sont écoulées le mercredi 31 juillet quand *L'Indépendant* publie un trombinoscope avec la présentation des candidates au titre de Miss Pyrénées-Orientales, et leurs portraits officiels, Allison comprise. Au même moment, un avis de recherche est imprimé à la hâte par les Miss ; elles se répartissent les différents quartiers de la ville et le collent partout. Matthieu organise le battage médiatique ; il retrouve les sœurs d'Allison sur les réseaux, il les interpelle sur leur silence : une marche, des battues, des recherches, est-ce que quelque chose est prévu ? Mais les demi-sœurs s'en tiennent à la version officielle : elles sont parties pour Toulouse.

3.

Jeudi 25 juillet 2013, 10 h 01,
commissariat de Perpignan

Je me nomme Benitez Francisco, Je suis né le 13 décembre 1963 à Algésiras (Espagne) Je suis domicilié au 28, rue Jean-Richepin à Perpignan 66000 (Pyrénées-Orientales). [...]

Je viens signaler la disparition de ma fille Allison Benitez née le 24 mai 1994 à Montpellier. Je me présente aujourd'hui accompagné de ma fille Laura. Je suis en couple avec Marie-Josée Benitez depuis 1988.

Elle a deux filles d'un premier mariage et nous avons une fille ensemble de 19 ans. Je demeure avec ma femme et Allison, les deux grandes filles de Marie-Josée ont chacune leur appartement.

En fait, avec ma femme nous avons décidé de rester ensemble pour Allison, j'habite là-bas mais nous sommes séparés. Je dormais à la maison jusqu'en décembre même si nous faisions lit séparé et depuis décembre je dors au travail, je rentre uniquement quand j'ai du temps pour manger avec ma fille et la voir. Ma femme est complètement d'accord pour que je vienne dès que je veux ou même que j'y dorme. Nous avons donné le préavis de la maison pour le 1er septembre, car nous sommes en location. Après c'était prévu que ma femme prenne un appartement plus petit pour elle et ma fille. C'est moi qui aurais pris l'appartement à mon nom et qui aurais payé car nous sommes encore mariés et je trouve ça normal.

Dimanche 14 juillet, j'ai accompagné ma fille Allison car elle est candidate pour l'élection de Miss Roussillon et elle avait une activité avec les autres candidates à Canet-en-Roussillon. À mon retour à la maison je me suis disputé avec ma femme à cause de broutilles, une facture EDF entre autres. Je suis retourné chercher Allison en début d'après-midi, elle était contente de sa journée et nous sommes rentrés.

Arrivés à la maison, ma femme avait préparé une valise, je n'ai pas demandé pourquoi car elle était énervée. Elle a isolé Allison dans sa chambre et elles ont parlé cinq minutes. Elles sont sorties de la chambre, ont pris la valise prête et sont parties sans même me dire au revoir. Je ne me suis pas inquiété au début car ma femme est déjà partie plusieurs fois sans me donner de nouvelles mais habituellement elle va chez ses filles.

À 17 h 17 Laura m'a contacté pour me dire qu'elle avait reçu un texto de sa mère lui disant :

« J'ai pris une décision difficile à prendre mais c'est mieux comme ça.j part a toulouse avec allison. ça va être difficil au début et c'est por ca que je n'ai pas voulu appeler. j vous aimeee. appel papa[1] *»*

Ce qui est bizarre c'est que ma femme appelle tous les jours sa fille Angèle, 26 ans, et qu'elle ne l'a pas fait depuis la disparition, la seule nouvelle qu'on a eue c'est ce texto envoyé à Laura, 36 ans.

---

1. Toutes les correspondances sont retranscrites textuellement. (N.d.A.)

Je m'inquiète, Allison est une passionnée des Miss, elle prépare un CAP coiffure et elle devait retravailler lundi 22 juillet. En fait j'ai trouvé un document à la maison de rupture de contrat, j'ai compris qu'Allison m'avait menti et qu'elle ne travaillait plus depuis fin juin. Angèle a contacté via Facebook les amies de ma fille et elles m'ont dit qu'Allison avait arrêté le salon de coiffure, les études, et qu'elle ne s'était même pas présentée au rendez-vous prévu cette semaine pour l'élection de Miss. Aucune de ses amies n'a de nouvelles depuis qu'elle est partie.

Je suis vraiment inquiet car ma femme ne donne plus aucune nouvelle à ses filles qui sont pourtant très proches d'elle.

Avec ses deux filles nous avons laissé beaucoup de messages sur les téléphones qui sont éteints et sur Facebook mais aucune réponse.

— Est-ce que votre fille a un petit copain ?

Non, elle n'avait pas de petit copain, juste des amis qui n'ont aucune nouvelle.

[...]

— Pouvez-vous me décrire Allison ?

174 cm, corpulence mince, type européen, yeux marron, cheveux marron foncé, longs légèrement ondulés. Elle a un piercing au nombril et à la langue. Je ne peux pas vous dire comment elle était vêtue à son départ car je n'ai pas fait attention, quand elle est rentrée de Canet elle portait un short en jean et un débardeur noir ajouré.

Allison est inscrite à Pôle emploi Perpignan depuis le début de ce mois-ci. Elle avait rendez-vous hier après-midi à Pôle emploi mais je ne pense pas qu'elle se soit présentée.

— Pouvez-vous me décrire Marie-Josée ?

167 cm, corpulence ronde, type européen, yeux verts, cheveux châtain clair cuivrés, raides, coupe au carré, elle porte des lunettes de vue, à son départ un pantalon noir et haut noir sans plus de précision. Ma femme ne travaille pas elle a perçu son dernier mois de chômage ce mois-ci, après, elle n'a plus de ressources.

— Sont-elles parties en voiture ?

Ma femme n'a pas le permis et ma fille non plus.

— Pourquoi seraient-elles parties à Toulouse ?

Je ne sais pas, ma fille a fait beaucoup de stages de perfectionnement de coiffure là-bas, ma femme l'accompagnait à chaque fois. Ma femme avait même envoyé des CV en début d'année à Toulouse pour trouver un travail d'aide-soignante.

Après lecture faite, M. Benitez persiste et signe avec nous le présent.

4.

Vendredi 2 août 2013, un peu avant midi, Perpignan

L'air moite colle à la peau dès la sortie de l'avion. Dans le taxi, mon impression se confirme. Trente-sept degrés, affiche le tableau de bord. Je prends la photo et je l'envoie à mon père.

« Perpignan, c'est le centre du monde, disait Dalí », répond-il, toujours prompt à la réplique.

Entre l'aéroport et mon hôtel, le chauffeur me sonde.

— Des vacances ? De la famille ?

J'ose à peine assumer le mot « journaliste » et lui bondit :

— Vous avez de quoi faire ! Les jeunes filles disparues autour de la gare, les gitans du quartier Saint-Jacques, les émeutes de 2005, ça vous parle ?

Il cherche mon regard dans son rétroviseur. Je devrais connaître.

— Voyons ! Ce jeune garçon, Mohammed, tué par une bande rivale… non ?

Le chauffeur s'emmêle dans l'historique et ses commentaires. J'admets mon ignorance et tente de recentrer la conversation.

— La disparition d'une Miss ? Ah oui, j'en ai entendu parler, je ne la connais pas. Vous êtes arrivée à votre hôtel.

Sans m'attarder sur les brochures consacrées au palais des rois, je balance mon bagage sur le lit et je file.

Pour accéder au domicile des disparues, je m'éloigne des pierres roses et je prends le pont Joffre qui enjambe la Têt, ce fleuve asséché qui traverse Perpignan. Je me dirige vers le Bas-Vernet, un coin sans charme, au milieu d'une ville à l'arrêt. J'imagine que le quartier d'Allison raconte une partie d'elle.

Je m'approche. La rue Jean-Richepin est une allée toute droite qui ne mène pas à grand-chose. Je note le décor, je m'accroche aux détails : une voie simple de circulation, les immeubles ne dépassent pas les deux, trois étages, le crépi en pleine pelade, un vieux hangar d'une entreprise de peinture abandonnée, des voitures mal garées sur une chaussée défoncée. Ce n'est pas terrible. Plus j'avance dans la rue, plus l'ambiance devient inquiétante. J'ai tendance à surévaluer le danger. Je contiens mes angoisses.

Pas un passant, pourtant je me sens observée. Devant le numéro 28, il y a deux interphones, sur l'un d'eux, le nom Benitez. Je suis au bon endroit.

Je sonne. Aucune réponse.

Je recule à une distance que j'estime raisonnable si la porte s'ouvre. Je suis prête à déguerpir et vite.

Je tente de me rassurer, j'ai le droit d'être là. Les volets sont baissés. J'ai l'impression d'être un chien qui gratte à la porte. Il y a une entrée de garage et une boîte aux lettres. J'y glisse un mot avec mes coordonnées et ma demande d'interview sur du papier à en-tête *Paris Match*. Je n'ai pas de cartes de visite, ça ferait plus sérieux…

Comme une représentante de commerce, je frappe chez les voisins. J'ai répété mon introduction. Je présente bien et les portes s'ouvrent. Étonnamment, ils oublient rapidement l'étiquette *Paris Match*. Je suis invitée à entrer dans les cuisines et les salons. Ils veulent témoigner. Il y a cette femme seule, particulièrement bavarde et vêtue d'une djellaba ; il y a ce couple de retraités dont l'homme porte un marcel élargi par la circonférence de son ventre ; il y a cette autre voisine esseulée dont l'intérieur sent le vieux chien mouillé. Nul besoin d'extorquer leurs mots. Ils m'entraînent dans leurs salons et leur vue imprenable sur le balcon des Benitez attire mon regard. Là, juste sous leurs yeux, un drame s'est produit. Ils en sont convaincus. Et peu importe s'ils n'ont entendu aucun éclat de voix ni bris de vitres.

Le voisinage conspue déjà le père face à la mère courage. Dans ces intérieurs, le grand écran reste allumé en fond comme une présence permanente. Ces hommes et ces femmes biberonnés aux reportages du câble en savent long sur la Légion étrangère. Et la rumeur collective se distille comme des échos. Elle s'appuie sur cette mythologie sanguinaire attachée au légionnaire.

— Il porte souvent la tenue de camouflage, confie l'un, le ton comminatoire.

— Ils savent tuer, chuchote une autre.

Les voisins n'ont pas beaucoup d'espoir de retrouver Marie-Josée et Allison vivantes. Le père devient l'assassin qui a tué femme et enfant.

L'épicentre n'est pas là. Je ne trouverai rien de nouveau par ici. Par acquit de conscience, je laisse quand même mon numéro. Je demande à chacun de mes interlocuteurs de devenir mes yeux et mes oreilles. C'est d'accord : au moindre mouvement ils m'appelleront. Promis. Ils se sentent investis d'une mission. Ils tiendront la garde, « pour la petite » disent-ils. Personne n'est dupe de leur curiosité. Je ne juge pas, la mienne va devenir mon gagne-pain. On se remercie les uns les autres et je m'échappe.

J'aimerais tout savoir d'Allison. Je sais qu'il faut pour cela me rapprocher d'elle, rencontrer ses copains, ses concurrentes chez les Miss et les photographes locaux. J'imagine qu'ils pourraient m'introduire en douceur à l'intérieur du domicile familial. Je récolte des photos. J'entre en contact avec ces inconnus sur les réseaux, puis au téléphone. Certains préfèrent qu'on se rencontre, je les invite pour un café ou un verre en terrasse. Je les écoute me parler de l'adolescente et je me fais une idée du personnage. Grâce à la fouille approfondie du profil Facebook d'Allison, je leur montre que je la connais. Je crée une confiance et peu à peu, je parviens à dresser un portrait de plus en plus précis.

Allison, ce pourrait être moi. Elle a dix-neuf ans, j'en ai quatre de plus. Nous sommes de la même génération. Pourtant, la comparaison s'arrête là.

Elle naît le 24 mai 1994, à Montpellier. Elle est le seul enfant de Benitez, mais le cinquième de Marie-Josée. Avant elle, il y a Laura, Samy, Martin et Angèle. Quinze ans la séparent de son aînée. Allison connaît peu ses demi-frères, ils ont quitté très jeunes le domicile familial après plusieurs brouilles, des conflits assez violents qui ont laissé des séquelles dans les relations familiales. Les demi-sœurs, elles, ont déjà fait leur vie entre Béziers et Montpellier.

À force de s'être éloignée d'une partie de ses enfants, Marie-Josée s'est rapprochée de sa cadette, la plus gaie, celle qu'on appelle Pépette. Cette « petite », qui cherche sa place, devient une sorte de fille unique au sein d'une famille nombreuse écartelée. Elle s'adapte. Ses grandes sœurs éprouvent une irrésistible tendresse pour Allison. Elles l'adorent, mais secrètement lui envient cette place privilégiée dans le cœur de Benitez. Car Allison est différente des autres membres de la fratrie : elle a un père, elle. Elle porte son nom. Benitez n'a pas fui ou abandonné sa femme comme leurs pères biologiques à eux, invisibles ou de passage.

Quand il est là, Francisco est très présent pour sa famille et se montre un éducateur strict, délivrant des autorisations formelles de sortie. Cependant, il doit souvent s'absenter et chaque départ en mission donne lieu à des scènes de tristesse et de larmes. Petite, Allison vit ces au revoir comme des abandons, lui comme un déchirement. Ils pleurent, s'enlacent, se serrent fort et se répètent qu'ils s'aiment. Ils savent qu'au bout de ces opérations extérieures, il y a peut-être la mort.

En grandissant, Allison s'est habituée à la distance. Sa mère a endossé le rôle des deux parents, redoublant de cette affection douillette.

Au fil de mes entretiens avec les amis d'Allison se dessine une famille sans racines. Aucun ancrage commun, aucune chambre d'enfant à retrouver dans une vieille bâtisse familiale. Allison et Marie-Josée se laissent déplacer au gré des mutations de Benitez. Elles connaissent plusieurs villes, Montpellier, Saint-Gilles, proche d'Arles, et jusqu'aux îles lointaines avec Mayotte à partir de 2005. De cette vie outre-mer, Allison raconte à ses proches des souvenirs heureux. C'est la grande époque pour les parents qui, dix-sept ans après le début de leur relation, sont enfin réunis, loin des problèmes, avec leur petite dernière. Marie-Josée et Benitez décident même de se marier. Ce sera en petit comité, le 26 octobre 2006, dans la commune de Dzaoudzi-Labattoir où est basé le détachement de la Légion. On a bien essayé de faire venir les grandes filles pour l'occasion, mais le prix du billet les a découragés. Allison a atteint l'âge de raison, elle est assez grande pour participer à l'événement, cela suffira à leur bonheur.

À Mayotte, Benitez peut aussi profiter davantage de sa petite fille aussi coquette que rigolote et la voir grandir. Il l'emmène marcher dans les forêts tropicales, prend des photos où il enlace sa Pépette devant un lagon d'eau claire. La vie est douce loin des terrains de guerre.

L'escapade dure à peine deux ans. Déjà il faut rentrer en métropole pour le nouveau poste de Benitez, à Sault, dans le Vaucluse, proche du régiment de Saint-Christol. Puis, en 2010, ce sera l'installation définitive à Perpignan, où Benitez vient d'être nommé au poste d'information de la Légion étrangère, le PILE.

Il s'établit d'abord seul. Avant de prendre la dimension de ses fonctions, le père s'inquiète pour Allison. Encore une fois, il va falloir la changer d'école. Il demande aux collègues militaires la liste des meilleurs établissements de la ville. Il trouve un appartement, y entrepose quelques cartons et organise la venue de Marie-Josée et de leur fille. À nouveau, « Pépette », âgée de dix-sept ans, dit au revoir à ses amis, les larmes aux yeux.

À la rentrée 2012, Allison s'inscrit à un CAP de coiffure à l'école Giorgifont II. Marie-Josée et Benitez se présentent ensemble aux rencontres parents-professeurs. « Un couple uni et une famille heureuse », selon la directrice pédagogique. Pendant sa formation, travailleuse et assidue,

Allison effectue des stages dans les salons de la ville. Elle se crée un début de réseau professionnel et entame un apprentissage. Cathy, sa patronne au Salon Olympe, l'assure : son apprentie sait y faire. Polyvalente, elle coupe, colore, mèche et encaisse. Une perle. Allison gagne un peu moins de 600 euros par mois, bien assez pour ses sorties et ses vêtements. Elle est sur les rails du droit chemin avec un vrai métier. Elle trouvera du travail partout et s'assure un avenir. Les parents sont fiers.

Le soir, il n'est pas rare de croiser Marie-Josée aux environs du salon. De loin, elle observe sa fille, jusqu'à la descente du rideau de fer. La patronne trouve cette surveillance exagérée, Allison est majeure maintenant et elle habite à trois cents mètres.

Les voisins vont dans le même sens, qualifiant la relation entre la mère et la fille de « fusionnelle ». Ils me donnent l'impression de décrire deux adolescentes. Elles se déplacent en se tenant le bras ou la main, vivent liées l'une à l'autre. Leurs descriptions confirment ce que j'ai entrevu sur les réseaux. Au fil des témoignages, je crois trouver une explication à cette alliance.

À la maison, malgré les apparences, rien ne va plus entre Francisco et Marie-Josée. Dans l'appartement de la rue Richepin, il y a bien trois chambres, mais depuis deux ans la mère dort avec la fille. Toutes deux soupçonnent Benitez d'aller voir ailleurs.

Alors Allison surveille son père. C'est plus fort qu'elle, la fille protège la mère. Noël 2012, elle découvre ce qu'elle cherche : le prénom d'une femme sur le portable de son père et des échanges ambigus. Il a commis la faute qu'elle attendait. Benitez nie. « Une collègue », assure-t-il, rien de plus. Trop tard, sa défense est inaudible. La réaction d'Allison est épidermique. Elle vit cette révélation comme une trahison personnelle, et même une désaffection brutale. Chaque réplique devient une déclaration de guerre. Les portes claquent et la fâcherie dure. Les grandes sœurs sont appelées à la rescousse, mais rien n'y fait. Allison est en colère contre son père, elle l'insulte, et Marie-Josée lui emboîte le pas. Cette histoire blesse son orgueil de femme.

Face à sa fille, Benitez n'arrive pas à se blinder. Il sait qu'il n'a plus sa place à la maison. Il range ses affaires dans le garage et s'installe à la caserne, le temps que la situation s'apaise. Il espère que l'orage passera.

Rien n'y fait.

Allison échafaude des plans. Elle récupère les coordonnées de la « collègue », l'appelle et l'insulte, cachée derrière un numéro masqué. Elle bouillonne et pousse la vengeance jusqu'à demander à son ami Yunus de suivre Benitez en voiture. Allison l'accompagne, une perruque sur la tête. L'équipe de pieds nickelés tente bien une filature mais, rapidement semée, elle abandonne sa mission au premier feu rouge.

Son père avec une autre, Allison n'arrive pas à s'y faire.

Benitez s'est replié. Il fait amende honorable, mais ne déserte pas. Ce n'est pas le genre de la Légion. Il promet de payer le logement familial jusqu'à la fin des études d'Allison. Il est en reconquête. Elle a perdu confiance, il tente de la rattraper. Il se met à sa disposition pour le moindre déplacement, offre un saut à l'élastique, une virée à Barcelone pour voir un match de foot avec Messi… Mais Allison ne pardonne pas. Elle réserve ses épanchements à Facebook et WhatsApp où elle affiche ses états d'âme. C'est là que l'adolescente trouve souvent refuge. Quand tout devient confus, elle s'épanche sur la Toile.

Le 30 juin 2013, elle écrit en statut Facebook : « Tu as tout détruit. » Sans attendre, sa communauté virtuelle, toujours vigilante, s'inquiète et interroge. « C'est rien, des histoires de familles [*sic*], avec mon père… », répond Allison.

Elle se reprend vite. Sur les réseaux, mieux vaut faire envie que pitié. Elle a toujours quelque chose en tête pour son prochain post.

La nuit, elle veille. Elle cherche ses égéries, élevées au rang de divinités. La jeune fille a des envies de célébrité et de richesse. Elle incarne cette jeunesse en quête d'émancipation et d'un avenir plus grand que celui de ses parents. Allison se passionne pour le mannequinat. Elle s'est déjà renseignée pour les Miss il y a quelques années. Mineure, elle voit son inscription refusée. À dix-huit ans, elle y repense.

Elle a trouvé son modèle : Marilou Cubaynes, Miss Roussillon 2012. Cette Catalane a gagné sa notoriété en terminant dans les douze Miss les plus belles de France lors de la dernière élection. Une consécration dans la région. À dix-neuf ans, Allison contacte son idole sur les réseaux. Elle sonde ses chances. « Penses-tu que j'ai les qualités pour m'inscrire à l'élection ? »

La suite, je la connais. Malgré sa voix tremblante et ses pas mal assurés, elle obtient le titre de première dauphine de Miss Conflent. Les spectateurs de l'élection locale se souviennent des larmes qui roulaient sur ses joues lorsqu'on lui a passé l'écharpe. Un nom à retenir selon la journaliste de *L'Indépendant*, passée « à un cheveu du titre », un comble pour une coiffeuse. Un jour, elle sera adulée comme Marilou. Décrite par tous comme une fleur qui n'attendait que d'éclore hors de chez elle. Pour l'occasion, ses parents assistent à l'événement, côte à côte dans les sièges de velours de la salle polyvalente. Benitez ne loupe rien, il filme avec son imposant iPad, tendu en hauteur. Son sourire sympathique fait remonter ses pommettes et ses yeux pétillent. Le couple met un mouchoir sur ses problèmes et donne l'illusion d'un bonheur parfait.

La famille s'embarque dans l'aventure des Miss. Marie-Josée assiste de loin aux shootings, quand le père joue les chauffeurs de taxi pour que sa fille participe aux séances de bowling, laser game et défilés en maillot de bain.

Allison se démène. Son portable sonne à tout va. Elle ne le quitte jamais. Flagorneuse comme il faut, elle dit « ma chérie » à ses concurrentes et termine ses messages par des smileys tout sourire. Du soir au matin, ça bipe et ça textote en mode T9. À la maison, le prix du forfait fait débat, il faut en changer.

C'est la candidate idéale, prête à se mettre en quatre pour y arriver. Dans son salon, elle s'entraîne à marcher sur des échasses de douze centimètres, une main sur la hanche. Lorsqu'elle pousse la porte de sa chambre, c'est un ouragan d'effluves de laque et de vernis à ongles. Entre le dressing et le lit, Marilyn Monroe, façon pop art d'Andy Warhol, est accrochée au mur ; on la retrouve encadrée sur la table de chevet, affichée dans le salon, en fond d'écran sur l'ordinateur. Quand Allison se change, elle étale ses affaires partout. Elle use le miroir à force de tenues, d'accessoires et de mines. Elle est complexée, parfois insupportable, parce qu'elle se trouve trop grosse. Elle voudrait perdre trois centimètres de tour de taille. Elle s'affame un jour et vide le frigo le lendemain. Elle a entendu parler d'un coach de Miss, elle va le contacter.

Son physique joue sur son ambition et son destin. Le capital esthétique, c'est le début de la réussite et de l'ascenseur social. Elle a envie de ce titre, elle en a besoin. À la clé, les podiums, les plateaux, la gloriole, mais aussi, surtout, sa liberté. Et sa liberté vaut cher. Elle puise l'inspiration dans les publicités de parfums et affûte ses mimiques. Elle imite, prend des selfies le menton baissé. Elle tape « robe de soirée longue pas chère rouge » sur Internet. Furieusement connectée, Allison est une Lolita 2.0.

Le vendredi soir, on la retrouve dans les bars à chicha, au Jade ou parfois à l'Émeraude, avec la jeunesse perpignanaise. Devant les écrans branchés sur le *prime time* de *Secret Story*, les bandes se forment. On se regarde, on se jauge et se séduit dans cette atmosphère saturée de fumée. Les garçons remarquent Allison et l'observent. La technique de drague est rodée, les mâles jouent les pachas, poses lascives sur canapés moelleux, une main sur les coussins et le narguilé dans l'autre. C'est là qu'Allison a rencontré Ahmed, son dernier petit ami.

À cet âge, les histoires d'amour ne durent pas. Allison se laisse approcher et s'ennuie aussi vite. L'enchaînement de ses relations est difficile à suivre, les commentaires ne l'épargnent pas. Elle est la fille « qui peut dire oui ». Chronique ordinaire d'une adolescente un peu cœur d'artichaut, avec des prétendants tantôt chevaliers servants, tantôt amoureux éconduits, légèrement gluants.

Elle donne l'image d'une fille libérée. Elle est de celles qui passent dans une boutique de téléphone et se font draguer par le vendeur qui récupère leur 06 ; de celles qui postent une photo sur les réseaux et déclenchent une avalanche de commentaires d'inconnus, avec lesquelles il est facile d'entrer en contact sur Internet ; de celles qui dans la rue se font héler par les passants. Déjà prête à affronter les tourments de la célébrité, elle sait les repousser quand il faut.

Rue Richepin, certains osent même déposer des cadeaux, comme ce pendentif en forme de cœur qu'elle porte parfois. Benitez apprécie peu le défilé des jolis cœurs. À chaque intrusion à proximité de la maison, le père menace de représailles. Lorsqu'il croise un mauvais regard sur sa fille, il attaque, féroce, on croirait voir un chien de garde. Sa fille devient femme, il le sait. Les garçons ne la regardent plus de la même manière. Benitez la protège aux sorties des boîtes où il attend parfois pendant des heures. Il ne connaît que trop bien les hommes. Il tente de couver sa fille jusqu'au bout, mais elle lui échappe.

Seul Matthieu, vingt-deux ans, rencontré récemment lors de l'élection des Miss, est toléré par les parents. Il accepte ma demande d'interview. Lui aussi fait partie de la longue file des prétendants d'Allison, mais il s'est fait gentiment rembarrer. Alors il se satisfait de l'amitié qu'elle lui propose. Il l'encourage dans sa course au titre. Apprenti comédien, il lui apprend les règles d'or : pour accéder à la notoriété, il faut côtoyer des stars, cultiver son carnet d'adresses et entretenir son réseau. Tout ce qui brille attire ces deux-là. Ensemble, ils se transforment en chasseurs de célébrités et de paillettes.

Allison applique les consignes. Le 6 juillet elle assiste au concert de Maître Gims au Marina, une boîte du Barcarès. Elle connaît les paroles de *Bella* par cœur. Matthieu, pétri de bonnes intentions, n'hésite pas à jouer des coudes pour la faire entrer dans les loges. Allison prend une photo souvenir avec le chanteur aux lunettes noires du groupe

Sexion d'Assaut, et la publie instantanément sur sa page Facebook. « Un homme et une équipe en OR », écrit-elle en légende. En pleine « campagne électorale », sa cote de popularité va faire un bond sur la Toile.

Cet été 2013, exaltant, tient toutes ses promesses. Un semblant de grande vie s'amorce. Seule ombre au tableau : le salon de coiffure. Allison ne trouve plus d'excuse valable à ses absences répétées. Son planning chargé de candidate l'empêche d'assurer les samedis. Elle a bien prétexté des maladies, mais les journaux locaux, qui couvrent chaque événement des Miss, l'ont trahie. Elle s'est fait renvoyer, mais n'a rien osé dire à son père.

Le concours l'obsède.

Elle a demandé de l'aide à son école ; si les Miss ne fonctionnent pas, il faudra bien qu'elle trouve une autre échappatoire et un moyen de valider la deuxième année de CAP. De son écriture ronde d'adolescente, elle remplit des lettres de motivation pour Toulouse. Elle espère intégrer les salons L'Oréal. Elle s'y prépare. Ce n'est pas Paris, mais c'est tout de même un début d'ascension. Elle s'est inscrite au permis. Elle file vers son indépendance.

Marie-Josée suivra forcément. D'ailleurs, elle cherche déjà du travail comme aide à domicile dans la région toulousaine. Elle a accompagné sa fille pendant une journée de formation. Elles sont revenues enchantées, ont adoré la ville. Allison a aussi refait le CV de sa mère et l'a adapté aux organismes locaux.

La « petite » tient la barre et fixe l'objectif. Toulouse leur offre des perspectives, pour Allison celle de devenir quelqu'un et pour Marie-Josée de ne pas être abandonnée. Elles vont vers une vie meilleure.

5.

Vendredi 2 août 2013, fin de journée, Perpignan

La fièvre monte. Les recherches vont vite et les chaînes d'infos savourent déjà le feuilleton. Je découvre la visite domiciliaire rue Richepin d'une équipe de policiers en chemisette. Les images font l'ouverture des JT. Et même dans cette tenue estivale, la descente des officiers ajoute une dimension dramatique à l'affaire, qui semble prendre une tournure criminelle.

Les techniciens de la police scientifique ont passé la maison au crible, sous les yeux de Benitez, présent à chaque acte. Il a signé tous les procès-verbaux en qualité de témoin. C'est la procédure. Il ne s'est opposé à rien.

Dans le F4, tout paraissait à sa place, sans traces de bagarre. Les lits encore faits, les plateformes d'Allison bien rangées, même la collection de tortues de Marie-Josée n'a pas bougé de sa vitrine en verre. Après des premières constatations visuelles, les officiers ont poursuivi les recherches en utilisant le luminol, ce liquide qui permet de révéler des traces de sang. Plusieurs marques suspectes sont apparues : dans la cuisine, autour du bar, sur un coussin, dans le garage. Ensuite, les enquêteurs ont prélevé tout un tas d'éléments : mégots, culottes, brosse à cheveux ou encore bouteille de Yop abandonnée dans la poubelle de la chambre d'Allison. Si l'appartement s'est bien figé le 14 juillet, c'est une mine d'or pour les scientifiques qui tentent de reconstituer l'identité génétique des disparues ou d'un profil connu. Les prélèvements permettent d'établir une liste d'écouvillons à analyser. Lorsque l'ADN est exploitable, les policiers le confrontent à celui d'empreintes génétiques référencées dans le FNAEG [1].

Rien n'échappe aux enquêteurs, pas même les écoulements dans les tuyauteries et les siphons. L'ordinateur familial et un portable trouvé sur place sont saisis. Un autre agent prend des photos de chaque pièce. Au bout de quatre heures, après avoir encore inspecté tous les placards, ils quittent les lieux. Benitez se retrouve seul dans un appartement vide qui ressemble à l'intérieur d'un bateau après une tempête. À quoi pense-t-il à ce moment précis, au milieu du linge et des papiers éparpillés ?

Dans sa peau, moi, j'aurais peur.

L'appel à témoins et le numéro vert mis en place ne donnent pas grand-chose. Quelques signalements tout au plus. À Palavas, dans un bar-tabac, on signale un sosie de Marie-Josée ; dans une galerie d'art sur la côte ou chez un glacier, l'allure d'une mère et de sa fille interpelle des témoins tourmentés par cette double disparition. Les vérifications se concentrent surtout sur la mère, qui boite légèrement à cause d'un problème de hanche, et qui porte aux mains de grosses bagues qui scient ses doigts enflés. Chaque ressemblance, parfois troublante, est étudiée.

1. Fichier national automatisé des empreintes génétiques, créé après l'affaire Guy Georges.

Les amis d'Allison passent un à un dans les bureaux de la PJ. Les policiers envoient des réquisitions dans tous les sens, aux banques, opérateurs de téléphonie, hôtels et même à la Française des jeux, au cas où elles auraient empoché le gros lot. Des bandes vidéo de la ville ont été demandées mais les images s'effacent au bout de douze jours, impossible de remonter jusqu'au 14 juillet.

Ce vendredi 2 août au soir, Luc-André Lenormand, le procureur adjoint du tribunal de Perpignan, requiert l'ouverture d'une information sur les causes des disparitions. Il veut augmenter les moyens de recherche. Une juge d'instruction est désignée, le SRPJ de Montpellier se tient à disposition pour soutenir l'équipe de Perpignan.

Après une longue réflexion, le comité des Miss décide de retirer le portrait d'Allison de la page des votes. Trois semaines après la disparition, les apprenties reines de beauté perdent espoir de la voir réapparaître le 11 août, pour l'ultime gala.

Au même moment, les journalistes se lancent dans une enquête parallèle. Les rédactions dépêchent des renforts à une vitesse folle et remplissent les vols Paris-Perpignan. C'est l'effet papillon d'une bande organisée, l'intérêt des uns contamine les autres. Pour *Paris Match*, la dimension de mon reportage évolue aussi.

Je reçois un message :

« On t'envoie un photographe, il arrivera en fin d'après-midi. Il est efficace et sympa. »

Ils me réservent des pages dans le prochain numéro. La pression monte d'un cran.

À la recherche d'amis ou de connaissances d'Allison, je cours sans réelle direction, du sud au nord de la ville. J'appelle un à un les salons de coiffure listés sur les Pages jaunes et j'écume les cafés où j'interroge tous les serveurs, ceux qui ont l'air d'avoir à peu près son âge. Pas totalement girouette, mais un peu perdue quand même. Partout, je croise des micros et des caméras, omniprésents dans le Bas-Vernet. Les journalistes me prennent pour une passante, ce qui m'arrange. Travailler pour la presse écrite a ses avantages, la discrétion en est un. Je me colle à eux et je tends l'oreille. Dans cette situation un peu cocasse, en pleine mêlée journalistique, j'apprends les règles séculaires du fait divers, comme jamais je ne les ai apprises à l'école de journalisme. J'entends l'un d'eux dire que « la voiture rouge de RTL rôde. Mieux vaut s'en méfier ». Ultime menace concurrentielle : le service police-justice de la station, prompt à dégainer un flash ou une exclusivité dans un JT.

Dans cette ronde des médias, les journalistes professionnels entretiennent avec les voisins la rumeur d'un contexte familial compliqué. Tous suivent la même piste : Francisco Benitez. De mémoire de fait-diversier, à chaque disparition d'enfants, les parents s'agitent, crient ou organisent des battues. Le père d'Allison, lui, se mure, retiré du monde. C'est louche. Irrationnel. Les accusations se fondent sur un silence et un uniforme. Retranché et légionnaire : son implication ne fait pas de doute. Les badauds confient aux journalistes leurs théories fumeuses, allant jusqu'à imaginer des scènes précises où le père, rompu aux techniques de combat, aurait tué sa fille pour punir une mère éprise de liberté. Légionnaire, forcément légionnaire, aurait pu écrire Duras [1].

1. « Sublime, forcément sublime Christine V. », texte de Marguerite Duras publié en 1985 dans *Libération*.

Les confrères réclament le témoignage du père comme un dû. Tous se cassent les dents. Pour les caméras et les photographes, l'exclusivité d'une image de Benitez devant chez lui, même furtive, ferait l'affaire. Un siège s'installe rue Richepin. Encore seule, j'opte pour des rondes régulières.

Dans cette course au scoop, TF1 a remporté une première manche, avec une méthode pour le moins cavalière. L'envoyé spécial a appelé au domicile, en se filmant. Coup de bol, il est tombé sur le père, qu'il a enregistré à son insu. « Il faut laisser l'enquête suivre son cours », a simplement dit Benitez avant de raccrocher. Le témoignage n'a aucun intérêt. Le son grésille, il a même fallu le sous-titrer à cause de l'accent espagnol du légionnaire. Mais qu'importe, c'est la première fois qu'on entend sa voix, le trophée s'érige en « témoignage exclusif ».

J'imagine l'effet de cette diffusion. J'ai l'impression que la mise en scène rend l'homme encore plus suspect. Et si on se trompait ? Je me figure ce père, attendant à côté du téléphone que ses proches lui fassent un signe. Je me demande si je décrocherais encore après avoir été balancée au JT...

On va tous passer pour des rapaces.

Le numéro des Benitez n'est pas sur liste rouge. Malgré mes scrupules, je me laisse emporter. Je vais essayer de lui parler et l'assurer que je ne l'enregistre pas. J'y crois mollement, mais je ne veux pas avoir de regrets. Je ne peux plus tourner autour de lui, il faut l'affronter. Je tente ma chance.

Peine perdue, mon appel sonne dans le vide jusqu'au déclenchement de la messagerie automatique.

Au volant d'une voiture récupérée à l'aéroport, Benjamin, le photographe envoyé par Paris, me rejoint. Il a la trentaine et cette bonhomie joviale des gens qu'on apprécie d'emblée.

Je ne suis plus seule.

Avec lui, le courant passe vite. Veste kaki genre militaire qu'on porte comme une seconde peau, il a la gouaille de son métier. Il fait partie de la génération des nouveaux photojournalistes qui ont débarqué dans le milieu au moment des printemps arabes en 2011. Il a prouvé son talent et conservé son humilité. Je m'attendais à rencontrer un mercenaire habitué aux faits divers les plus sordides, il n'en est rien. J'ai l'impression de retrouver un vieux copain à qui je raconte mes dernières aventures. J'expose mes pistes, selon moi chaque personnage peut être impliqué dans le drame. Je détaille les ingrédients et distribue les rôles : les rivales de la presque Miss France, le père légionnaire forcément diabolique et la mère trompée. On est loin de la révolution des peuples, mais Benjamin est heureux de bosser, sans dédain pour la matière. Il m'écoute et s'en grille une. Il est pris au jeu, le père en ligne de mire.

6.

Samedi 3 août 2013, dans la matinée

À force de voir les avis de recherche, une ancienne connaissance d'Allison compose son numéro de portable. Elle tombe sur le père qui a récupéré l'ancienne ligne de sa fille. L'information se propage sur les boîtes Messenger de Facebook et l'arène virtuelle s'emballe. Les amis d'Allison prennent la décision de partager avec quelques journalistes la découverte de ce contact direct.

13 h 19, Matthieu, l'ami d'Allison, interviewé hier, me prévient. Je récupère ce numéro et appelle Benitez sans attendre. Il ne décroche pas. J'essaie plusieurs fois, puis je rédige un message qui me semble un juste milieu entre l'élémentaire courtoisie pour ne pas le brusquer et la nécessaire provocation pour le faire réagir.

> « Monsieur, je suis en train d'écrire votre portrait dans le cadre de la disparition d'Allison et de votre femme. Je vous ai contacté à maintes reprises, sans réponse de votre part. J'aimerais vous donner l'occasion de vous exprimer, de livrer votre propre témoignage. Quand bien même vous ne voulez pas me parler, expliquez-moi les raisons de ce silence. »

Quelques minutes passent et il répond.

« Bonjour mme je me excuse mais actuelment nous occupe avec le enquete de police judiciaire. Nous sommes pas en etat de moral por répondre actuellent au question. Je vous remerci deavance »

J'ai posé une ligne de fond et il a mordu. S'il m'avait ignorée je n'aurais rien pu faire, mais là, j'y vois un signe. Je planche sur une relance. Comment l'atteindre ? Je pense au bouclage, au sablier qui s'écoule. Il me reste moins de deux jours avant de rendre mon article. À l'école de journalisme, j'ai appris que tenir ses délais était presque aussi important que l'article. Pendant ces premiers jours, je réalise surtout que selon son média, la méthode est très variable. Les radios et les chaînes d'informations donnent un tempo, pour *Match* il faut la jouer différemment. J'ai plus de temps pour m'imprégner et trouver la manière originale de traiter le sujet.

Benjamin passe des coups de fil. Il fouille dans son répertoire à la recherche d'un expert militaire capable de nous parler de la Légion, cette armée si spéciale. À défaut de sortir son boîtier, lui aussi doit récupérer quelque chose. La photo d'un interphone au nom de Benitez et les images captées sur Facebook ne suffisent pas. Il nous faudrait une moisson plus substantielle, et surtout exclusive, pour nous assurer une publication et le *satisfecit* de la rédaction.

Au téléphone Benjamin semble avoir trouvé un contact bien informé. J'écoute la conversation et reproduis en style télégraphique dans mon carnet à spirale des bribes d'infos « états de service ; missions dans le monde entier ; plus de vingt-cinq ans dans la Légion active ; Guyane-Djibouti ;

trois personnes au centre de recrutement ; la Légion va mettre la main dessus, les militaires préfèrent laver le linge sale en famille ; au 4e Régiment étranger de Castelnaudary tout le monde le connaît, il y a des choses à dire ».

Il raccroche et m'explique la stratégie à suivre.

La Légion étrangère apprécie peu les coups de projecteurs. La flammèche menace, l'histoire de cet adjudant-chef inquiète les supérieurs. Ils vont vouloir agir avant que ça tourne au vinaigre. Le colonel Zocchetto, délégué militaire départemental des Pyrénées-Orientales, a même décroché son téléphone. D'après la source de Benjamin, le supérieur hiérarchique de Benitez lui a adressé tout son soutien mais le mot d'ordre est clair : il faut éteindre l'incendie, discrètement et au plus vite.

Benjamin m'invite à rappeler Benitez et à lui laisser un nouveau message.

— Tu vas jouer sur la pression de l'armée, parler de son honneur. Tu lui montres avec ces quelques infos que tu as enquêté sur lui. Avec les légionnaires tu dois appliquer leurs codes et leur vocabulaire militaire. On va lui parler comme un gars de chez lui, se montrer direct et solide.

Mon message emprunté n'a pas fonctionné. Benjamin me bouscule, il a raison. Je ne suis pas fin stratège, il faut arrêter de louvoyer. J'accepte qu'on aille dans ce sens, mais l'inspiration ne vient pas. Je me laisse un peu de temps pour trouver la bonne formule.

Benjamin se dirige vers la caserne Joffre, il veut prendre en photo les lieux du sujet, un classique dans le fait divers apparemment. Je trouve que cela fait un peu Cluedo, mais je ne dis rien. Je le suis.

Samedi après-midi, le centre-ville fait le plein. Comme des touristes en balade, on contourne le Campo Santo par les rues qui rétrécissent. J'imagine Marie-Josée avec sa fille dans ces ruelles, accrochées l'une à l'autre par le bras. Je cherche les mots en marchant. Le mouvement n'aide pas.

Devant le portail de la caserne, je m'installe sur un banc. Je ne prête pas vraiment attention à ce bâtiment administratif sans vie qui ressemble à une ancienne école communale de province. Différents acronymes pointent les trois garnisons en présence : armée de l'air, de terre et Légion étrangère. Il paraît même que des agents de la DGSE seraient dans les murs, mais eux sont plus discrets.

J'écris sur mon carnet à spirale des brouillons de missives. Avec une tournure compliquée, j'explique ma démarche à Benitez. Benjamin termine ses réglages, trois clics, puis m'arrache mes notes. Il barre mes formules empathiques et réécrit. Puis, à mon tour, je raye ses propositions trop agressives à mon goût. Je ne m'y reconnais pas. La compassion a laissé place à l'accusation. Ça se résume à « plus personne ne doute de votre culpabilité ». Je déteste les confrontations. Je n'ai pas vraiment appris ça à l'école, mais à mon sens, il faut éviter l'acharnement. En fait, je suis dans un entre-deux, je veux respecter la présomption d'innocence alors que tout le monde le pense coupable. Tuer sa fille ? Cela va au-delà de la raison. Je ne suis pas à l'aise, est-ce qu'on ne va pas trop loin ? J'hésite.

À force d'allers et retours, on arrive à un compromis.

« Monsieur Benitez, nous avançons sur votre portrait. Votre parcours est exemplaire à la Légion après plus de 20 ans de mission. ~~C'est pourquoi nous désirons réellement vous permettre de vous exprimer.~~ Allons droit au but : tout le monde vous accuse, ~~bien volontiers~~. Votre métier et votre silence ne jouent pas en votre faveur, ~~vous l'imaginez bien. Nous comprenons que le choix de parler à la presse puisse vous effrayer. Nous voulons vous permettre de vous exprimer.~~ Prenez la parole avant qu'il ne soit trop tard. ~~Soyons honnête le silence ne joue pas en votre faveur. Prenez la parole~~. Encore une fois vos conditions sont les nôtres (mails, textos, téléphones, rencontre) nous restons joignables à toute heure, contactez-nous. »

Bon.

— Je ne suis pas sûre du « avant qu'il ne soit trop tard ».

Benjamin insiste. Je m'incline et accepte d'envoyer la dernière version avec cette charge.

J'attends.

Voilà à quoi ressemble le métier auquel j'aspire depuis que j'ai quinze ans. Attendre et espérer une réponse pour qu'on daigne me parler. Les journées peuvent être longues dans une ville inconnue. Arrimée à mon Mac, dans le lobby de l'hôtel, je croise une journaliste du *Journal du dimanche*, ancienne de *Match*, fine connaisseuse des faits divers. Elle vient de rendre son papier. Nous parlons de l'affaire. Elle m'assure ne rien avoir. Elle a dû sentir ma méfiance. La concurrence nous oppose. Elle cherche le compagnonnage, mais toute cette histoire a éveillé chez moi un léger esprit paranoïaque. Je m'en voudrai plus tard.

La soirée entamée, avec Benjamin on décide de se trouver un restaurant avant que les cuisines ne ferment. On s'installe en terrasse et on commande des pizzas et des bières. Lorsque, à 23 h 35, je reçois l'appel d'une voisine de Benitez :

— Il vient d'arriver chez lui, je vous assure, c'est maintenant.

Il faut y aller. Je paie en vitesse et on se précipite dans la voiture de location. Je ne sais pas ce que je risque mais j'ai une trouille bleue. Je voudrais dire à Benjamin que je n'ai absolument pas envie de me pointer à cette heure si tardive chez un légionnaire certainement en colère après le mauvais coup de TF1. Je suis incapable d'arrêter la machine. Benjamin ne se pose aucune question. Au volant, il se lance dans un rodéo furieux. Il n'y a plus aucun garde-fou, si Francisco Benitez est chez lui, on va sonner jusqu'à ce qu'il daigne nous ouvrir et qu'on arrive à bout de sa résistance. C'est ça l'objectif.

Benjamin a plus d'expérience que moi, je veux lui faire confiance. Il fonce, pied au plancher. Nous traversons le pont Joffre pour nous retrouver face au 28 rue Jean-Richepin, où on se gare à moitié sur le trottoir. Personne dans la rue.

En pleine nuit, l'immeuble n'a pas changé et ne paraît pas plus habité. La presse, qui l'assiégeait, a levé le camp. C'est le moment idéal. Dans la lumière du réverbère bien jaune, la menace est toujours là, invisible mais présente. Il ne veut pas parler aux journalistes. Je me dis qu'on est en train de commettre une terrible erreur.

On sonne. Une fois. La peur monte jusqu'à ma gorge. Deux fois. Si la porte s'ouvre, il va falloir parler et argumenter. Je guette une silhouette derrière la vitre dépolie de l'entrée. On attend. Rien. On reste sans bouger pendant cinq bonnes minutes.

Il n'est pas là, ou alors il fait mine de ne pas nous entendre.

C'est un échec. Les confidences du coupable idéal, ça ne sera pas pour ce soir.

Apaisement immédiat, je remonte dans la voiture. Benjamin s'en allume une dernière avant de capituler.

Finalement, j'étale mon cas de conscience et mes craintes. Je lui avoue que je ne le sentais pas trop, ce coup-là, je n'ai pas ce courage ; moi, j'imagine d'abord les dangers avant d'envisager le scoop…

— Tu aurais dû me le dire, il faut communiquer, c'est la base du métier, me reprend Benjamin.

Je lui dis que je suis désolée. Je sais bien que Perpignan ne présente pas les mêmes risques qu'un terrain de guerre. Mais les appréhensions ne se commandent pas. Benjamin s'en veut, il n'a pas perçu mon trouble.

— On est une équipe.

J'opine du chef. Je me dis qu'il faudrait que je me fasse un peu plus confiance. On repart vers l'hôtel.

Demain, c'est notre dernier jour de reportage. Il faudra repenser notre stratégie. Je veux encore croire à une résolution rapide, bien arrangeante… Vite, une garde à vue, et vite, des aveux.

7.

Dimanche 4 août 2013, 8 h 42, Perpignan

Une bannière bleue s'affiche sur mon portable. Benitez.

« Bonjour mme lallement je suis entrant de vous prepare une serie de fotos et commentaire que je vous faire parvenir [*sic*] »

De lui-même, il est revenu vers moi. Il va m'envoyer des documents. Incroyable, inespéré. Je ressens une sorte d'excitation de gamine, celle qui prend l'estomac lorsqu'on vient de marquer un point gagnant et que la victoire se rapproche. J'exécute un petit pas de danse, entre le lit et le mur. Ça y est, je le tiens, mon scoop !

Il a dû y réfléchir toute la nuit. La stratégie était bonne. Il fallait viser son honneur. Notre missive l'a piqué au vif.

Je rejoins Benjamin à la terrasse d'un café de l'avenue Wilson, face au Castillet de briques rouges. Devant lui, il a empilé toute la presse du jour et les suppléments du week-end. J'attrape *Le Journal du dimanche*. L'énigme Goldman, numéro un au Top 50 des Français, s'étale en première page, mais au-dessus, l'accroche de une m'arrête net : « Disparues de Perpignan, les silences suspects du père. Page 12 ».

Déjà, j'enrage. J'avale tout l'article pour déceler la moindre information inédite qui aurait pu m'échapper. La journaliste du *JDD* et moi avons les mêmes interlocuteurs : Matthieu, les voisins et le comité des Miss. Elle a aussi récupéré le numéro de portable de Benitez et évoque un bref échange de textos dans lesquels il refuse ses sollicitations, je suis soulagée.

Je n'apprends rien, mais l'article m'interpelle. La chasse au trésor prend un autre tour, plus cruel. L'auteure raconte l'ambiance suspicieuse, les chiens qui jappent dans un appartement manifestement vide et les soupçons portant sur le légionnaire. Il est devenu « une piste envisagée ». La journaliste l'écrit. Dans cette affaire, la liste des suspects n'a donc qu'un seul nom, celui de Francisco Benitez.

À l'évidence, il va se faire arrêter. Demain aux aurores, peut-être avant. Je comprends : c'est pour ça qu'il me contacte. Il prend les devants pour endiguer le flot de bruits et de suspicions à son encontre, avant qu'il ne soit trop tard. Les mots de notre message étaient bien choisis, je m'en convaincs.

Je reprends le texto de Benitez, j'essaie de deviner ce qu'il prépare à mon intention. Va-t-il m'envoyer ses documents par mail ou me les remettre en main propre ? De son côté, Benjamin s'inquiète. Il aimerait faire des photos, un portrait du père, si toutefois l'entrevue devait se préciser. Or on n'a que jusqu'à midi ; après ça, Benjamin doit rentrer à Paris. Une autre mission l'attend.

Je réponds à Benitez, je lui dis que je veux le rencontrer. C'est délicat, je prends le risque de me montrer trop intrusive, mais je pense pouvoir me le permettre, en y mettant les formes.

> « Monsieur, est-il possible de récupérer en main propre votre témoignage et les photos, afin d'avoir toutes les informations nécessaires pour mon article, avant midi. Cela prendra peu de temps, dites-moi où cela vous arrange ? »

Ce matin ? Il n'a pas le temps, il est en dehors de la ville toute la matinée, mais il promet une rencontre. Les précisions suivront.

Je me ravise, et j'accepte d'attendre. Je n'ai pas le choix de toute façon. Tant pis, Benjamin doit partir. J'irai donc seule. Hier, j'étais tétanisée à l'idée de sonner à sa porte, mais aujourd'hui, je suis allée trop loin pour abandonner. Je ne veux pas gâcher ma chance chez *Match*. L'occasion est trop belle.

12 h 18, un appel. C'est lui. Dans mon portable, une voix avec un fort accent espagnol.

— Vous êtes sur Perpignan ? On va se retrouver en fin de journée.

L'homme est direct. En fin de journée, il faut donc encore attendre.

Le temps s'étire avec lenteur. Enfermée dans ma chambre d'hôtel, je tourne en rond comme un lion en cage. Inlassablement, pour tromper l'attente, je remonte le fil des réseaux sociaux à la recherche de quelque nouveauté.

17 h 30. Il me rappelle. L'échange ne dure pas plus de trente secondes. Il me donne un lieu, place de Catalogne. Je vérifie le trajet sur mon téléphone. Je calcule rapidement, moins d'un kilomètre me sépare du lieu de rendez-vous, je peux y être en dix minutes.

Je glisse mon carnet dans un sac en toile et je file. Je laisse la lourde porte de ma chambre se fermer toute seule. Trois pas plus loin, j'entends le cliquetis métallique du verrou s'enclencher. Ne pas céder à la peur.

Le réceptionniste de l'hôtel, un grand gaillard au crâne chauve, m'observe traverser le lobby à grandes enjambées.

— N'allez pas le rencontrer seule, c'est un légionnaire.

Il a senti l'empressement dans mon pas. Je lui souris et je m'esquive.

Je marche vite sans être en retard.

Je préviens Benjamin par message.

« J'y vais là ! Alerte maximum. Pour l'avis de recherche j'ai une robe longue violette. Je mesure 1m70 et j'ai les cheveux châtains, si tu n'as pas de nouvelles de moi dans une heure, tu peux commencer à t'inquiéter »

Je rédige mon appel à témoins sur le ton de la plaisanterie, mais dans le fond je n'en mène pas large.

Je traverse cette ville alanguie par la chaleur et vide un dimanche d'août. J'atteins le point de rencontre très vite, plus rapidement que prévu. Je découvre un grand bâtiment Art déco assez imposant, un ancien magasin Aux Dames de France reconverti en Fnac, aujourd'hui fermé.

J'attends sur un banc, en plein cagnard, au milieu de cette place déserte. Benitez ne peut pas me louper, je suis la seule à m'aventurer dans cette fournaise. Toujours personne. Mains moites, je m'accroche à mon portable et je regarde les minutes défiler une à une.

17 h 39, je lui envoie « j'y suis ». Il répond « ok ».

Enfin, deux hommes s'avancent. Ça pourrait être des amis légionnaires. Ils ont la carrure solide, celle que j'imagine pour des militaires dans leur genre. Je vais à leur rencontre. Ils me contournent sans un regard. Je me rassois sur le banc.

Mon portable sonne.

— Dirigez-vous vers le feu en face de vous et attendez-moi là.

Bien.

Benitez m'observe. J'ai l'impression d'être dans un film. Il y a quelque chose de dangereux et d'étourdissant. Je suis là pour un inconnu. Je me dis que si c'est un meurtrier, forcément je le reconnaîtrai, pas avec une pancarte « tueur de femme et d'enfant » bien sûr, ni même un faciès particulier, mais je le sentirai.

Mes yeux se posent partout : le passage piéton, le feu rouge, un arbre, une voiture...

Une voiture noire approche. C'est lui. Je reconnais cet homme très brun au volant, qui se penche vers le côté passager et me désigne la portière, m'engageant à monter. Je ne réfléchis pas. Le cœur battant, je m'engouffre à l'intérieur du véhicule.

J'ai déjà vu Francisco Benitez sur des photos. Il avait plutôt fière allure et un physique costaud. Là, il est méconnaissable. Amaigri et tassé sur son siège, il semble effrayé. Son corps le trahit, il suinte la peur, le rance, le désagréable. Je n'avais pas prévu ça et c'est insoutenable. L'odeur qu'exhalent ses pores et son tee-shirt beige-gris, usé et délavé, suinte jusqu'à coller au siège de sa voiture.

Je suis assise à quelques centimètres de lui. Cette promiscuité me dérange. Je serre mes jambes, blottie côté portière, je veux éviter le moindre contact ou effleurement.

Je me dis que j'ai bien fait d'enfiler cette robe longue et couvrante.

C'est le blanc. Je sèche. Aucune entrée en matière ne me vient. Dehors, les rues de Perpignan défilent, toujours vides et sans témoins. Malgré les vitres ouvertes, les effluves s'accrochent, ils l'accablent. Je ne connais pas l'odeur de la mort, mais cette idée s'impose. Est-ce qu'il aurait pu transporter ses victimes, là, à ma place ? Ou bien, les cacher dans le coffre ? En montant dans cette voiture, j'ai vu la banquette arrière, Benitez y a laissé des affaires s'empiler. Il doit vivre dans cette voiture. Y passer ses jours et ses nuits. Oui, c'est ça. Je suis dans une chambre mal aérée, qui sent le renfermé. Il ne peut plus rentrer chez lui, les journalistes campent rue Jean-Richepin, et même ses propres voisins participent à la veille. Après tout, un légionnaire sait dormir n'importe où.

Peut-être n'aurais-je pas dû monter dans cette voiture. J'ai refermé la portière, j'ai laissé mon ADN sur la poignée. Je me fais peur et mon cœur s'emballe de plus belle. L'école ne m'a pas appris à me comporter face à un meurtrier.

Je laisse le silence s'installer et je poursuis l'analyse détaillée du conducteur. J'arrive à ses mains calleuses agrippées au volant, et ses ongles rongés au bout de ses doigts épais. Rien ne doit m'échapper. Il a la peau mate, tannée par le soleil. Autour de ses yeux, des lignes blanches trahissent des rides d'expressions joyeuses. Je me dis que Benitez a l'habitude de sourire, de tout son visage. Mais devant moi, il a un air épouvantable. Il est luisant. Son front perle et l'image crie. L'accusation l'a pris à la gorge.

Il s'oriente vers la sortie de la ville, il y a bientôt le panneau qui annonce l'autoroute direction Barcelone à droite et Narbonne à gauche. On roule en silence, doucement. Je remarque un trajet programmé sur le GPS de son téléphone. Je me rends compte que je suis peut-être en très mauvaise posture. Il y a comme un moment de flottement. Je m'efforce de rester calme, malgré ma panique intérieure.

À en juger par les coups d'œil frénétiques qu'il jette sans arrêt derrière lui, je me dis qu'il est dans le même état que moi. Pour me rassurer, je me persuade qu'il doit être suivi par les policiers, que je ne suis pas vraiment seule avec lui ; si la situation se dégrade, ils interviendront.

Avant la voie rapide, avant l'Espagne et la frontière, il met son clignotant à droite et prend une petite rue étroite. Le temps s'allonge quand on a peur. Il roule cent ou deux cents mètres et s'arrête là, dans une ruelle vide. Il se gare, coupe le moteur et remonte les vitres. Nous voilà complètement isolés, enfermés dans cette transpiration qu'il exhale et qui m'écœure.

Benitez plante ses yeux noirs dans les miens et puis, d'un coup, il s'effondre dans son siège. Je ne sais pas comment réagir. De grosses larmes coulent sur son visage et se perdent dans sa barbe. Là, à quelques centimètres de moi, le légionnaire se met à pleurer comme un gamin.

— Je suis prêt à tout exploser, finit-il par lâcher en hoquetant.

J'ai rarement vu un homme pleurer. Je le regarde, un peu gênée. Un légionnaire qui pleure, ça ne se fait pas. Ce type d'homme n'est-il pas connu pour son mental d'acier ?

Il reprend ses esprits, essuie maladroitement son visage avec la paume de sa main.

— Je suis à deux doigts de tout exploser, répète-t-il.

Il se ressaisit, prend une grande inspiration et me demande de l'écouter sans l'interrompre. En bon militaire, le revoilà qui me donne des ordres. Son ton ne laisse aucune place à la discussion. Je comprends qu'il a une idée très précise de ce qu'il attend de moi et qu'il n'a pas l'intention de me tuer aujourd'hui. Chaque mot est compté.

Il m'explique qu'il veut que je diffuse un document vidéo sur le site Internet du journal.

Il sort un iPad de la portière. Il tend la tablette devant mon visage. Ses mains tremblent, il se trompe, appuie sur l'icône caméra au lieu de vidéo, pensant ouvrir son film. Ses mains s'agitent, il comprend son erreur, tente de se reprendre. Maladroit, il fait une photo de mes pieds, s'excuse, puis retrouve enfin son fichier.

Je n'ai toujours pas dit un mot. La proximité me dérange. La raideur de mon corps traduit la tension. Avec son iPad brandi devant moi, il vient de s'introduire dans mon espace personnel et de franchir une frontière invisible.

La vidéo commence. C'est lui, vêtu de ce même tee-shirt gris-beige, qui s'exprime face à la caméra. La barbe est mal taillée et le regard est celui d'un homme laminé, exténué.

Le film dure deux minutes. L'écoute lui est insupportable, à nouveau l'émotion le submerge. Des vagues de détresse secouent tout son corps. À quelques centimètres de lui, je reste concentrée, en m'efforçant de ne rien laisser paraître de mon malaise.

« Bonjour à tout le monde, je suis le papa d'Allison. Avant tout je tiens à remercier tous ses amis, et tous ces gens près de nous qui sont mobilisés pour sa recherche. Depuis trois semaines nous vivons des choses très graves, des événements très durs à tenir. C'est pour ça que pour l'instant on est restés dans ce silence, en attendant que la police fasse son travail. Le plus dur pour nous ça a été de lire des choses que les gens ont commentées, ont dit sans savoir la vie privée des gens. Nous sommes une famille comme toute autre famille avec des hauts et des bas. Les gens qui me connaissent vraiment savent très bien qu'Allison c'est ma vie, mais ça il y a seulement les gens qui me connaissent qui peuvent savoir ça. Aujourd'hui je suis dans l'incertitude de retrouver ma fille parce que ça fait déjà trois semaines qu'elle est partie. Et ma fille elle n'aurait jamais fait une chose comme ça, de ne pas donner de nouvelles, et des choses comme ça, c'est une chose impossible, je sais que c'est impossible. C'est pour ça qu'aujourd'hui, il y a beaucoup de choses qui nous passent par la tête, et on tient, et on tient, on tient, mais c'est trop dur et on est à la limite d'exploser. Nous on ne fait pas cette vidéo pour choquer les gens, c'est juste pour dire aux gens qu'on est une famille normale, on a un père, on a une mère, on a des enfants. Et c'est pas l'histoire de légionnaire ou pas légionnaire, non ! C'est une histoire de cœur, d'une famille c'est tout. Merci encore une fois à tous les amis pour sa mobilisation. J'espère que ma fille sera retrouvée, ainsi que sa maman. [Quelques mots inaudibles.] Je veux remercier tout le monde, merci à tous. »

Je perçois des sanglots, ce sont ceux d'une femme.

— C'est Laura, ma grande fille, qui a filmé, commente Benitez.

« Exploser », il va exploser dit-il. À quel jeu joue-t-il ? La contre-attaque, l'indignation ou la souffrance ?

Dans son français approximatif, Benitez m'explique que l'absence de sa femme et de sa fille, parties le 14 juillet, était l'affaire de deux ou trois jours au plus. Il parle surtout d'Allison. Sur son épouse, presque rien, juste qu'ils sont « un couple normal, avec des hauts et des bas ».

Il répète le discours qu'il tient dans la vidéo.

J'ai presque envie de le croire et de lui accorder ma compassion. Je me dis que je ne suis pas beaucoup plus vieille que sa fille. Je tente des paroles cicatrisantes.

— Monsieur Benitez, j'ai reçu des témoignages me prouvant que vous êtes un père aimant et attentionné.

Il ne répond pas. Il y a une deuxième vidéo, celle de Laura qui témoigne dos à la caméra, celle-ci, nous ne la visionnons pas. Benitez me demande de conserver l'iPad, m'en fournit le code d'accès, « 0000 », et me remet une clé USB rouge. Il y a copié des photos de lui et sa fille à tous les âges, un catalogue du père idéal.

Je suis dépositaire de sa confiance, mais des règles sont à respecter :

— N'allez pas à la caserne. Surtout pas, là-bas on travaille.

Un silence.

— Ne parlez pas des autres enfants.

Fin des consignes. Il a tout dit et met un terme à notre entretien. Avec cette vidéo, il brise son vœu de silence. Le message est contrôlé. Il n'entend pas dévier de son plan. Je réfléchis à toute vitesse.

— Ce que vous me donnez n'a aucune valeur si vous le confiez à d'autres...

Il ne réagit pas, s'essuie à nouveau le visage.

Je lui demande s'il serait possible de se revoir pour une interview plus longue.

Il y pensera.

J'essaie encore.

— Est-ce que d'autres journalistes vous ont contacté ?

Il acquiesce :

— Oui, TF1, je devais les voir, mais je ne donnerai ce témoignage à personne d'autre. Demain, appelez ce numéro et dites que vous avez l'iPad de M. Benitez.

Je note un numéro de fixe. Je trouve cela étrange mais je ne pose pas de question. Je m'apprête à descendre lorsqu'il propose de me déposer. Il a toujours ramené sa fille. J'invente une adresse par peur de représailles. Je lui dis le Mercure, parce que c'est l'hôtel qui se trouve en face du mien.

Il connaît le chemin.

En silence, il me lâche devant l'enseigne violette. Je lance un dernier « À demain » pour m'assurer de son engagement. Il hoche la tête et je file, l'iPad serré contre moi. Je pénètre dans le lobby comme une cliente habituée, je souffle fort, j'ai la vie sauve. J'attends quelques minutes avant de traverser l'avenue Wilson dans l'autre sens. La voiture a disparu. Dans une forme de griserie, j'entre dans mon hôtel, le réceptionniste s'est absenté. Je suis presque déçue qu'il n'assiste pas à mon retour triomphal.

J'envoie sans attendre les images qui sont sur la clé USB et l'iPad à *Paris Match*. Pendant le transfert, je fouille dans la tablette, j'ouvre toutes les applications. Sur son profil Facebook est indiquée une adresse mail : moremajorum22@gmail.com. Je tape « More Majorum » sur Google pour en connaître la signification : « À la manière de nos anciens ». C'est la devise des parachutistes de la Légion étrangère, hommage à la mémoire et à la bravoure des anciens. C'est aussi une formule de politesse utilisée à la fin d'un courrier, un peu comme « amicalement ».

Je poursuis mes investigations. Dans l'historique de l'application Plan, je trouve Mexico. Pourquoi Mexico ? Incompréhensible.

Je retire la protection en cuir et découvre un autocollant « Ministère de la Défense » qui recouvre le logo Apple.

Rien d'autre. Benitez semble avoir réinitialisé la tablette. J'aimerais être un as de l'informatique, capable de tout dévoiler sans que cela se voie. Mais j'ai peur de m'être déjà montrée trop fouineuse, qu'il s'en rende compte, demain, lorsqu'il récupérera l'iPad.

À 21 heures, la vidéo de Benitez est en ligne sur le site Internet de *Match*.

Allongée sur mon lit, je revis en boucle la scène de l'après-midi. Puis je me repasse la vidéo, plus d'une dizaine de fois. J'analyse les mots et les silences. À force de le réécouter, le plaidoyer devient convaincant. Benitez veut sa fille, il veut la retrouver, revenir en arrière.

Il répète le verbe « exploser ». Je m'interroge sur cette menace. Que veut-il dire ? J'ai l'image d'une grenade dégoupillée. Quel objectif cherche-t-il à atteindre ? Il repousse les soupçons mais ne dit jamais « je suis innocent ».

Chez lui, Benjamin visionne aussi la vidéo. Il analyse les moindres détails et le discours du père laminé par le soupçon.

« Sans les images je le trouve poignant et vraisemblablement sincère – avec les images j'arrive pas à le croire… »

Benjamin le juge coupable, donc. Moi je n'arrive pas encore à le condamner. Je suis convaincue qu'un assassin se reconnaît.

21 h 19. Je découvre un nouveau message sur mon portable. C'est lui, Benitez. Il est satisfait, j'ai rempli ma mission.

« Je trouve en vous queslque chose d'honnête et ça c'est important pour le métier que vous faites [*sic*] »

Je me redresse. Qu'est-ce qu'il lui prend ? Il sait que je suis novice. Il a dû sentir que je n'étais pas très à l'aise. Je ne sais pas comment l'expliquer, mais ses mots me gênent. Je me demande même s'il n'y a pas une pointe de séduction dans son approche.

Je dois répondre quelque chose. Il faut meubler pour garder le lien. Un simple merci fera l'affaire. Je ne trouve pas meilleure repartie.

Demain, tout va se jouer. Ce dernier texto me conforte dans l'idée que ma demande d'interview est en bonne voie. Mes questions sont prêtes.

Faudra-t-il remonter dans sa voiture ? Je m'endors en repensant à cette odeur. Demain, il me parlera.

8.

Lundi 5 août 2013, peu avant 7 heures, Perpignan

Le caporal Clément T. est le premier à l'avoir vu mort. Pourtant, il n'a pas réalisé tout de suite. Ça aurait pu être un exercice organisé avec un mannequin, accroché à la rambarde du premier étage, là où se situent les toilettes de la caserne. Il y a cru. Le foulard noir sur le visage l'a bien un peu étonné, mais avec la tenue militaire, ça lui paraissait vraisemblable. Quoi qu'il en soit, l'information, pourtant évidente, n'est pas montée jusqu'à son cerveau. Il a pris sa permanence, comme un jour normal. Et puis il a compris.

À l'aube, le chef s'était pendu.

Le choc est violent. Clément T. ne pensait pas que Benitez serait capable de se supprimer. La rumeur l'a tué. Personne n'a su le retenir. Une corde de couleur marron à points jaunes et blancs autour du cou, Francisco Benitez a choisi la potence. Il y a peu, ses mains ne sont pas encore bleues. Le système sophistiqué d'attaches et de mousquetons retient le corps lourd. Benitez a forcé sa chute pour se faire emporter par son propre poids. Vieille méthode d'exécution, la pendaison brise les vertèbres cervicales, entraîne une perte de connaissance rapide, quasi immédiate. Les rapports des médecins légistes, sur ce type de mort, indiquent que si le fluide sanguin ne passe plus, le cœur continue à battre, quelque temps, puis s'arrête à son tour.

Clément T. réagit vite. Il appelle les pompiers, la gendarmerie, puis ses collègues : Boris S., Sébastien C. et Cyril S. Malgré leurs vacances, ils rappliquent tous, fissa. Les enquêteurs de la PJ leur emboîtent le pas, suivis des journalistes locaux, déjà prévenus.

8 h 50, le soleil tape fort et, déjà, la ville sue.

À l'extérieur de la caserne Joffre, les caméras se pressent pour obtenir le meilleur angle malgré les barrières qui bouchent la vue. À l'endroit précis où je me suis arrêtée, il y a deux jours, pour écrire mon message, lorsque je trouvais que Benjamin jouait un peu trop au Cluedo. La Laguna de Benitez, soulevée par un véhicule de remorquage, émerge au-dessus des clôtures, prête à être désossée par la police scientifique.

La voiture, celle-là même dans laquelle je suis montée, se transforme en pièce à conviction. Elle va être disséquée, le tissu des sièges prélevé, et ça fait drôle. Je me demande s'ils vont vérifier qui s'est déplacé avec Benitez, et s'ils vont avoir besoin de mon ADN. Partout, j'ai l'habitude de semer des longs cheveux, alors j'imagine déjà le Coton-Tige dans ma bouche, mon empreinte génétique découpée en petits morceaux dans un labo.

Au premier étage du bâtiment administratif, la porte vers le bureau du chef, la pièce numéro 105, est entrouverte. Deux hommes de la PJ de Perpignan ratissent le périmètre et notent scrupuleusement ce qu'ils observent.

Ils relèvent l'accumulation d'objets et la moindre inscription, pas de quoi faire un portrait chinois mais presque. Tout ce qui pourrait orienter l'enquête devient un numéro de scellé. Cette fois, les témoins sont les caporaux Clément T. et Sébastien C., sommés de rester sur place.

La fouille, méticuleuse, commence. Il y a trois fenêtres, toutes fermées, stores baissés. Le bureau du chef est divisé en deux espaces par des armoires et un paravent vert et rouge, les couleurs de la Légion, l'un pour l'activité professionnelle, l'autre ressemble à une chambre, je dirais plutôt un campement.

Derrière la porte d'entrée, ils découvrent deux autres cordes, un peu effilochées, identiques à celle utilisée par Francisco Benitez, marron à points jaunes et blancs. Dans la partie privée, il y a un matelas à même le sol, un portant avec des vêtements militaires, une valise et une cantine en métal argenté. Côté bureau, deux imposants sièges en Skaï bleu, prêts à recevoir le public, font face à la table de travail. Même scénographie que dans un cabinet de médecin, le portrait du général Rollet, le père Légion, à la place des diplômes de la faculté. Les policiers négligent la décoration murale pour se saisir des objets électroniques en tout genre : un ordinateur, une unité centrale, une imprimante, quelques appareils électroniques, des disques durs, des clés USB… Les scellés s'accumulent dans un procès-verbal à rallonge.

Il est facile d'imaginer que tout ce que Benitez a laissé apparent était destiné à être retrouvé par les enquêteurs. Ils commencent par ce qui est évident. Sous leurs yeux quelques Post-it roses portent la mention manuscrite à l'encre noire « clé voiture » sur lequel repose une clé de contact pour un véhicule Renault Laguna et un autre Post-it avec la mention « clé maison garage ». À gauche du sous-main, une pochette de toile noire renferme toutes les pièces d'identité françaises et espagnoles de la famille, la carte Vitale, celle de la mutuelle, le permis espagnol de détention du port d'arme en date du 24 septembre 1985, les relevés d'identité bancaire de Benitez et d'Allison, la carte de combattant pour l'abonnement SNCF, une attestation du brevet militaire de parachutisme, des cartes de restaurants ou de chambres d'hôtes, un ticket de loto de la ONCE (loterie espagnole) numéro de série 107 85842 d'une valeur de 3 euros en date du 28 juillet, soit moins d'une semaine avant que les journalistes et la police ne s'emparent de sa vie.

Sous la table, quelques revues de la Légion, *Képi blanc* et, bien en évidence, deux numéros de *L'Indépendant*, datés des 25 et 31 juillet 2013, ceux consacrés à la candidature d'Allison au titre de Miss Roussillon. Les enquêteurs notent aussi que sur la une est rédigée à l'encre bleue la mention « Pour ANGIE » suivie d'un cœur. Sur une pile de documents, à droite de l'imprimante, un agenda à couverture noire de l'année 2013 ; sur les pages correspondant aux 11 et 12 février, puis aux 25 et 26 du même mois, est écrit « stage Toulouse Pépette ». Dans le tiroir supérieur gauche de la commode située à droite du lit, les policiers repèrent un pistolet automatique, réplique de Beretta 92F de la marque Umarex, calibre 6 mm à billes ; dans le tiroir inférieur de cette même commode, un autre pistolet automatique, réplique de Jericho 941 de la marque IWI, calibre 6 mm à billes. Les témoins, Clément T. et Sébastien C., expliquent qu'ils appartiennent à d'anciens légionnaires mutés depuis bien longtemps. Ces armes et leurs chargeurs ne sont pas approvisionnés, les observateurs terminent avec cette précision.

Francisco Benitez avait donc plusieurs armes à disposition. Et il a choisi de se pendre à la rambarde des toilettes, face au parking du personnel, entre les palmiers, avec en fond sonore le chant des cigales. Dans la tradition militaire, le suicide d'honneur consiste à se tirer une balle dans la tête avec son arme de service. Avant d'en finir, Francisco Benitez a enfilé l'uniforme dont il était si fier. Pour sa mort, il s'est paré d'un foulard sombre sur le visage. Je me braque sur ce détail et en cherche le sens. Je me dis que sans ce masque, le sémillant Benitez aurait été bleu, grimaçant de douleur.

Dans la matinée, nouvelle alerte et nouveau rebondissement : juste avant de se donner la mort, Francisco Benitez a envoyé un e-mail à sa hiérarchie. Le courrier est rapidement récupéré et diffusé par TF1.

Mon Colonel mes amis

Depuis plus de trois semaines ma fille Allison et ca mère son disparu de une façon inquiétant

Avec la radio les medias nous avons fait une vaste diffusion pour les recherches et pour l'instant le travail de la police ne donne rien

Le plus dure ce comme de habitude d'écouter certains critiques des abrutis sans savoir rien de ma vie prive

Cette après-midi et pour la première fois je contacte paris match pour la diffusion de une vidéo, vous verrez un autre Benitez et pas celui que vous connaissez.

Je me sens abattu et sans force puisque ce trois semaines, sont été très dure à tenir

Je tien a vous remercier mon Colonel pour le soutien que vous avez voulu m'apporter

Mais mon optimisme a cessé d'exister puisque nous avons que trois semaine ce trop dans des cas pareil et vue les circonstances

Je vous demande svp de pas me juge, mais je suis vraiment au but de me forces

Souvenez-vous tout simplement du Benitez que vous connaissez

Mon colonel ci-joint le numéro e mon frère, désole pour cette durre tache

Le numéro de mon frere movil [redacted]

Maison [redacted]

Et ma dernier demande être incinère a perpignan

Respectueusement

Adc benitez

Il exprime sa dernière volonté : être réduit en cendres. Je me dis que Benitez n'avait pas le bouclier de mots nécessaire pour se défendre. Je visionne une énième fois la vidéo, réécoute son plaidoyer. Déjà il parlait de cette suspicion : « Légionnaire ou pas légionnaire, c'est une histoire de cœur. »

Il évoque à demi-mot notre rencontre. S'il ne donne pas mon nom, le journal, lui, est cité. Ce n'est donc pas moi mais le titre, qu'il vise. N'importe quel autre journaliste aurait pu se trouver à ma place.

Avec cette lettre, il semble laisser une drôle d'épitaphe : « Je suis mort donc innocent, vous ne pouvez plus rien contre moi. » Et quelque part, il a raison. La justice se trouve dépossédée de la vérité.

« C'est un témoin capital qui disparaît. S'il a un secret, il l'a emporté », conclut en conférence de presse le procureur adjoint du tribunal de Perpignan, Luc-André Lenormand. Mais le balancier penche dans l'opinion publique, sa culpabilité ne fait plus l'ombre d'un doute.

Ce matin du 5 août, il était attendu pour une audition. Il a dû imaginer le reste de sa vie emmuré. À la place, ce lundi matin, son cadavre est parti à l'autopsie. Le médecin légiste a rapidement conclu à une mort par pendaison et rangé le corps dans un tiroir de l'institut médico-légal.

Normalement, il aurait dû y avoir une cérémonie une semaine après la mort de Benitez, c'est la tradition à la Légion. Mais pour l'adjudant-chef, aucune cloche n'a sonné le glas. Aucun honneur pour les pendus.

9.

Lundi 5 août 2013, avant 10 heures, Perpignan

Je me sens concernée par cette mort. À ce moment précis, j'aimerais pouvoir changer le cours des choses. Alerter avant le drame, remonter le fil. C'est plus fort que moi, je sais que je ne suis pas responsable, mais je me demande si j'aurais pu pressentir son geste. Flore, grand reporter à *Match*, saisit tout de suite l'émotion qui me traverse. C'est elle qui m'a donné envie de faire ce métier. C'est pour me former avec elle que j'ai demandé un stage dans son service, aux actualités.

> « Surtout ne va pas t'imaginer que tu as joué un rôle ou quoi que ce soit dans ce qui est arrivé : tu lui as juste permis de diffuser ce qu'il avait à dire comme il le souhaitait. Je t'embrasse fort. »

Je me suis retrouvée là par hasard. L'événement a de quoi être perturbant mais rien n'est de mon fait. Je ne réponds pas plus à Flore qu'aux autres. Pas encore. Je reste calme. Je sais mettre une certaine distance, même si au fond de moi je suis agitée par ce tourbillon d'événements improbables, rien ne transparaît. Je maîtrise ma parole et mes émotions. Je ne cherche pas à être cette journaliste téméraire et bravache que je devine dans les messages que je reçois. Flore a raison, le destin m'a mise sur la route de Benitez. Si j'ai voulu devenir journaliste, c'est pour être au plus près de l'événement, vivre l'instant. Hier, j'étais au plus près.

Je continue.

Je repense à ce que m'a dit Benitez et à ce contact à utiliser le moment venu via le numéro de fixe. Je ne sais pas où ni sur qui je vais tomber, il ne m'a rien dit. Je ne sais pas ce que je vais dire. À peine ai-je composé les dix chiffres qu'une voix masculine me répond :

— Poste d'information de la Légion étrangère de Perpignan, bonjour ?

Je panique, prétexte une erreur et raccroche.

Ainsi tout était planifié. Notre rencontre, la vidéo, le suicide. Une belle mise en scène dans laquelle j'ai joué docilement le rôle qu'il m'a attribué. Je suis pétrifiée. Je me sens utilisée et trompée. Je m'en veux de ne pas avoir senti les choses arriver, de ne pas avoir deviné l'issue fatale. Je me demande si un journaliste plus aguerri aurait réagi différemment.

Hier soir, je me suis couchée en repensant aux efforts de mes parents pour me tenir éloignée du danger. « Ne monte jamais dans la voiture d'un inconnu ! » « Surtout, n'ouvre pas la porte d'entrée, c'est peut-être une sorcière. » « N'accepte jamais de bonbons. » « Ne traîne pas tard dans la nuit, encore moins seule. »

Des avertissements vite oubliés. L'attrait du scoop est plus fort que la plus élémentaire prudence.

Benitez incarnait le mal, celui qu'il fallait éviter à tout prix. Il m'a fait me sentir vulnérable, pourtant c'était lui qui pleurait. J'ai croisé le principal suspect et je n'ai retenu de lui que ses larmes.

Peut-on pressentir un suicide ? Hier, je n'ai pas imaginé l'issue tragique. Pas une seconde cette idée ne m'a effleuré l'esprit. Elle paraît si évidente, après coup. L'image de son front emperlé ressurgit. Face à moi, Benitez voulait tout contrôler, et à part cette foutue odeur qu'il dégageait, il a réussi. Elle me revient, encore plus abjecte et répugnante. Sa culpabilité affleure. Les apparences comptent lorsqu'on veut prouver son innocence, non ? Il a dû se rendre compte que c'était mon tout premier reportage. J'étais une proie facile.

La colère monte. Pourquoi fallait-il que je sois le seul témoin ? J'ai l'impression de m'être rendue complice d'un usurpateur. Je revois ses larmes, son désespoir et ma compassion.

Où sont passées les disparues ? Que leur a-t-il fait ? Jamais plus il ne pourra répondre. C'est un drame pour les familles comme pour la police. Par sa mort, il s'est mis hors d'atteinte de la justice.

Je me mets en chemin pour la PJ. Je longe l'avenue de Prades, je dépasse la gare, je traverse les routes sans regarder la couleur des feux, le chemin me paraît sans fin. Marcher me fait du bien.

J'arrive au numéro 19 avec sa vieille porte en bois à la peinture craquelée. Devant l'immeuble, qui a tout l'air d'un bâtiment délabré, j'observe les blocs-moteurs des climatiseurs suspendus aux différents étages. Aucune trace de la PJ à l'extérieur. Enfin si, côté parking il y a cet écriteau de la police aux frontières. Les barreaux aux fenêtres apparaissent comme un autre indice, j'imagine qu'ils préviennent l'évasion de gardés à vue.

Je sonne, on m'ouvre. D'habitude personne ne me répond, mais ici, je suis attendue.

Je pénètre dans ce monde par un escalier à vis en béton, pas aussi imposant que celui du 36, quai des Orfèvres, plus blockhaus que mystérieux. Aucun bruit. J'ouvre encore une lourde porte et trouve un banc sur lequel m'asseoir. Je me dis qu'on peut y attacher des menottes et faire patienter des témoins. J'imagine les scènes qu'ont connues ces murs.

Devant un bureau, porte grande ouverte, je remarque une affiche d'Éric Cantona grimé en roi de cœur. L'image provient d'une publicité pour une grande chaîne de casinos. Le visage farceur de l'ancien footballeur me distrait quelques secondes. Plus tard je chercherai son slogan : « On gagne, on perd. La vie n'est qu'un jeu. »

Drôle de devise pour une brigade chargée d'affaires de disparition, de kidnapping ou de braquage. On y traite des choses sérieuses, pas des petits vols à la tire.

J'entends des murmures. J'attends encore un peu sur mon banc, tendant l'oreille pour tenter de capter des bribes de conversation. Mais déjà le commandant Bernard Chevin se présente et m'invite à passer dans son bureau. Je lui donnerais la cinquantaine passée. Je retrouve la chemisette de l'uniforme estival, la sienne est d'un noir un peu passé avec des rayures grises. Il porte des lunettes à monture métallique rouge, ses cheveux noirs tirent sur le gris. Il aurait des santiags aux pieds que ça ne m'étonnerait pas ! Ce n'est pas tant qu'il ait une allure de cow-boy, c'est plus un style, ça irait bien avec son pantalon large et son 9 mm accroché à la ceinture.

Le bureau est en bazar, un vrai fatras. Je m'assois sur le siège du visiteur. Je souris et attends qu'il engage la discussion. Il a l'air plutôt sympa.

J'ai affaire à un type bien et sensible. Ses questions sont délicates et pertinentes. Je lui répète que je ne m'y attendais pas. Je veux lui faire bien comprendre qu'hier après-midi je ne pensais pas m'entretenir avec un condamné.

— On ne s'habitue jamais à ce genre d'appels.

Il a la gêne de celui qui vient d'annoncer la mort. C'est lui qui a été missionné pour appeler Laura et Angèle, les grandes sœurs d'Allison. A-t-il utilisé les mêmes mots cliniques et détachés avec les aînées de Marie-Josée ? Est-ce qu'il y a eu des cris au bout du fil ? Chevin a l'air bien remué.

— Votre présence s'inscrit dans l'exécution d'une commission rogatoire…

Je retrouve le ton procédurier, cette défense infaillible qui permet de ne pas s'épancher. Chevin doit m'auditionner.

— … dans le cadre des recherches des causes de la disparition de Marie-Josée et d'Allison Benitez.

Je me plie à l'exercice et reviens sur ma rencontre.

— Non, non, je ne connaissais pas Benitez avant. Et pourquoi moi, je ne le sais pas non plus. Comment je l'ai trouvé ? Il pleurait et souhaitait que je le laisse parler. Je ne lui ai pas tellement posé de questions, il ne m'en a pas laissé la place, on avait prévu de se revoir. C'était si clair dans ma tête. Il n'a pas dit un mot sur sa femme. Il m'a remis un iPad et une clé USB. Cela m'a paru bizarre, hier, qu'il me remette tout ça. Il m'a donné des photos, aussi, que de sa fille Allison. Rien sur sa femme. C'est ce qui m'a le plus perturbée et intriguée. Il ne parlait pas de sa femme.

J'ai déroulé mon histoire sans évoquer l'enquête judiciaire. Je voulais être au plus près, eh bien voilà, j'y suis.

— Je ne fais pas partie des proches, mais je voudrais comprendre pourquoi Benitez s'est donné la mort.

Chevin me laisse parler. Je profite de ma situation en première ligne et tente une diversion. J'évoque le sujet de la Légion, des choses vagues, histoire de gagner la confiance du flic. Je voudrais qu'il parle à son tour, qu'il lâche quelques infos, là, juste pour moi. Mais Chevin reste évasif et ne se laisse pas tirer les vers du nez. Je tente encore :

— C'est vrai, cette histoire de lettre ?

— Oui.

Il ne peut pas communiquer davantage. J'y mets le plus de tact possible, mais il me voit venir. Il retient les informations. Sa position, inconfortable et légèrement enfantine, se résume à un « Je sais tout, mais je ne te dirai rien ».

Il me confirme à nouveau que je suis la dernière personne à avoir vu Benitez en vie. Le corps vient seulement d'être découvert, cela fait à peine trois heures. Il me répète cette information, l'enfonçant bien profond dans un coin de mon crâne sans se soucier de l'impact.

Fin du procès-verbal, Chevin écourte la discussion. L'entrevue a duré quarante-cinq minutes.

Un jour, une journaliste m'a demandé si j'avais trouvé normal et déontologique de répondre à la police, de leur remettre l'iPad et la clé USB au fond d'un sachet plastique, sous scellés. Je la comprends, les journalistes ne sont pas censés travailler pour les policiers mais je ne me suis pas posé cette question. Je m'en suis simplement débarrassée ; de toute façon, j'ai pensé que ces éléments seraient plus utiles dans les mains des enquêteurs que dans les miennes.

En sortant de la PJ, je me dépêche. Il me faut rentrer à l'hôtel et quitter Perpignan au plus vite. Je dois m'attaquer à mon papier. Je n'ai pas encore écrit une ligne, la rédaction attend. À l'aéroport, dans la salle d'embarquement, je commence à taper mes notes.

L'avion décolle. La bulle du reportage, un peu hors du temps, explose. J'espère retrouver le monde réel.

10.

Lundi 5 août 2013, 16 heures, Levallois

« Elle a l'air d'un ange… C'est les pires, les plus dangereuses. Regardez son sourire ! Il a dû penser à sa fille en la voyant arriver, elle lui ressemble, non ? Elle est redoutable, méfiez-vous de l'eau qui dort. »

Retour au journal. Plantée au milieu du service écriture, toujours en short et sandales de vacancière, j'écoute les commentaires de la rédaction à mon endroit. Je suis analysée, scrutée, découpée au scalpel. Ils pensent déceler une pointe de perversité chez moi, je serais capable d'empapaouter la pire des vermines, pensez donc : un légionnaire amoral, tueur de femmes et d'enfants !

D'une certaine manière, Benitez m'introduit dans le journalisme et me met les deux pieds dans le cambouis. Celles et ceux qui me dissèquent viennent de lire mes notes, que j'ai envoyées à la rédaction quelques secondes après avoir atterri à Orly. Ils se délectent de l'événement comme un chat se lèche les pattes.

— La nouvelle Jean Ker ! s'écrie l'un des vieux briscards du rewriting.

À entendre son timbre de voix, je prends la comparaison comme un compliment. Je ne comprendrai la référence que bien des années plus tard, en lisant *Le Bûcher des innocents* de Laurence Lacour [1] sur l'affaire Grégory. Journaliste et photographe à *Match*, Jean Ker a couvert le fait divers côté Villemin. Je n'étais pas née lorsque cette affaire a bouleversé la France entière et marqué définitivement l'histoire du journal. J'ignore la violence et la concurrence féroce des journalistes qui ont alors déferlé sur la Vologne. Je n'ai pas idée de la hargne, la jalousie, des coups bas, des campagnes des uns contre les autres. À croire certains commentateurs, Ker aurait eu un rôle ambigu quand le père Villemin à assassiner le principal suspect, Bernard Laroche. Aujourd'hui je m'interroge : pourquoi nous comparer ? Je n'ai pas arrêté Benitez dans son projet suicidaire, tout simplement parce que jamais je ne l'ai imaginé. Je ne suis pas responsable de sa mort, encore moins commanditaire. Il ne s'est pas ouvert à moi de son plan. Un journaliste plus aguerri aurait-il pu le pressentir, aurait-il réagi différemment ? Je me le demande encore parfois.

On me tire par la main devant la maquette. Je découvre la mise en page de mon premier sujet sur le chemin de fer. Huit pages. La double d'ouverture, la plus importante. Le titre : « Le drame de Perpignan ». Sur la photo choisie, Benitez a l'attitude d'un père, il enserre Allison de ses bras. Les disparues, Marie-Josée et sa fille, apparaissent à leur tour ; puis ce sont les nymphettes, celles qui rêvent de devenir stars, avec la brochette des Miss collées les unes aux autres. Suivent les récits de ma rencontre avec le légionnaire d'abord, des circonstances des disparitions ensuite. De ce dossier complet, on retiendra les sourires et le bonheur d'une famille.

1. Laurence Lacour, *Le Bûcher des innocents*, Plon, 1993 ; rééd. Les Arènes, 2016.

Une journaliste m'interpelle.

— Il manque un peu d'émotion, ton article. Je trouverais ça bien de rajouter ton âge, qu'en penses-tu ? D'ailleurs, est-ce qu'on pourrait parler d'excitation quand tu es en chemin pour ton rendez-vous ? Ou même, mieux, écrire que tu te réjouis de le rencontrer ?

— Mettez ce que vous voulez, oui je me réjouis, si ça vous va.

Mon écriture est encore maladroite, je le concède. J'accepte tous les conseils des professionnels correcteurs. Je ne maîtrise pas tout, alors je cède.

Je donne les informations pour les légendes, les noms, les lieux, les heures des photos, l'atmosphère, l'odeur, et l'angoisse aussi. Les conversations se mêlent et l'ambiance est joyeuse. Je décris chaque étape du reportage. Il faut aller chercher tous les détails pour que les auteurs des légendes et des chapôs trouvent les mots justes, résumer le sujet sans trop le dévoiler.

— La voiture dans laquelle tu es montée, peut-on dire que c'est une berline ? As-tu récupéré le nom des chiens de la famille, j'ai lu dans le *JDD* qu'on entendait des jappements, tu confirmes ?

Je n'ai pas toutes les réponses, mon enquête canine fait défaut. On ne m'y reprendra plus ; dorénavant, dans tous mes reportages je demanderai la race et le nom des animaux de compagnie ! Aujourd'hui, du corgi au chihuahua, je prends note, bientôt je serai incollable.

Soir de bouclage, la cantine est ouverte.

Je me retrouve au milieu de plusieurs personnes de la rédaction qui me sont toutes totalement inconnues. J'aimerais qu'on passe à autre chose, qu'on me raconte d'autres histoires et devenir transparente. Mais tout tourne autour de l'affaire du moment et je deviens l'oiseau exotique du repas.

— Mais tu n'as pas eu peur ?

La question sonne presque comme un reproche. Bien sûr que j'ai eu peur, j'ai même alerté Benjamin. Et puis Benitez m'avait donné rendez-vous sur une place publique, je n'imaginais pas qu'il me ferait monter dans sa voiture. Comment expliquer que parfois, on fait des choix incompréhensibles ? Je me suis retrouvée dans une situation périlleuse de mon propre fait. Je ne parlerais pas d'inconscience. J'ai ouvert la portière. Je voulais le rencontrer, lui parler, je ne me suis pas posé de questions. Je n'ai pas cherché à me mettre en danger, je n'ai simplement pas réfléchi. C'est tout.

Il commence à se faire tard, presque minuit. Je relis les textes une dernière fois, je revois au passage ce mot de « réjouis » qui m'ennuie un peu, mais je ne le raye pas. Longtemps après, je resterai embarrassée par cet article. « Réjouir » n'était pas le terme approprié, il ne reflétait pas mon état d'esprit du moment. Il avait quelque chose de faux, d'incongru, de gênant même. Cet ajout véhiculait une idée de légèreté et de désinvolture, bien éloignée de ce que j'avais ressenti. Comment décrire ce que j'éprouvais alors ? Il y avait de l'adrénaline certainement, mais pas de jouissance. « Excitation » ne conviendrait pas non plus. Et puis pourquoi vouloir exprimer mon impression ? Cela relève de l'intime, ce n'est plus du journalisme. J'aurais dû faire plus attention. Je ne me dédouane de rien, mais j'ai ce regret.

J'attends encore un peu avant de donner le bon à tirer. Je me mets à la disposition des derniers correcteurs, ces précieuses abeilles ouvrières de la nuit. Et puis, je ne sais pas vraiment quand je dois partir. J'ai posé mon bagage sur un bureau. Je le mets en boule et l'encercle pour m'en faire un oreiller. La rédaction s'est en bonne partie vidée.

À peine ai-je fermé les paupières que la maquette me rappelle. Séverine, l'une des correctrices, me montre la couverture du magazine avec Carla Bruni dans son maillot de bain blanc au cap Nègre. Les vagues l'éclaboussent au milieu des rochers. La publication de la première semaine d'août sera un bon tirage, à coup sûr. L'été, les chiffres de ventes bondissent, encore plus avec un bikini en une. Allison aurait adoré. Je ne fais pas tellement attention à la silhouette longiligne de l'ex-Première dame, mon regard reste bloqué sur l'accroche de couverture : « Avant sa mort, le légionnaire s'était confié à notre reporter », en majuscules et en gras, ce titre, et mon histoire. Je suis un peu gênée.

Séverine s'en rend compte.

— Enfin, tu voudrais qu'on mette « la stagiaire a rencontré le père » ?

Sa spontanéité me fait rire.

Elle veut entendre ma version complète.

— Tu étais seule, tu pourrais nous raconter n'importe quoi.

Elle a raison. Personne ne peut confirmer mon histoire. J'aurais dû avoir la présence d'esprit d'enregistrer. Je n'ai aucune preuve pour appuyer ce dont je témoigne. Je me prépare à la sortie de l'article.

Minuit passé. Ma mère vient de m'envoyer un message, elle veille et m'attend. « Comment vas-tu rentrer à cette heure si tardive ? Fais attention. » Elle n'arrive pas à dormir.

Certaines choses ne changent pas.

11.

Mardi 6 août 2013, Paris

Cinquième jour de stage. La rédactrice en chef m'a mise au repos forcé parce qu'elle estime que je pourrais être un peu secouée par les derniers événements. Mais je n'arrive pas à « redescendre ». Je reste en état d'alerte maximale. Je scrute les réseaux sociaux et les sites d'information sur l'affaire Benitez, on croirait un technicien qui relève les niveaux d'une machine en marche. Sur le qui-vive, je suis prête à réagir à la moindre secousse. Une barre s'installe au niveau de mon sternum et me tord à l'intérieur. Je ne connais pas encore les retours de reportage et ce sentiment mêlé de manque et de vide. Je ne vais pas en avoir le temps. Le début de mon addiction au shoot d'actualité et à ses soubresauts date précisément de ce jour.

Je repense à ce qui vient de m'arriver, comme lorsqu'on se repasse le film en boucle après un accident de voiture. Aucune école de journalisme n'aurait pu m'y préparer. Je revis cette rencontre et je la raconte. Tout me paraît dense. Les gens, les appels, les mots qu'on m'adresse.

Des reporters d'autres médias contactent la rédaction pour que je témoigne. Un direct sur le plateau du JT de TF1 est évoqué. Je trouve qu'on frôle le sensationnel et une mise en scène malsaine. Mais du côté de la famille des disparues, personne d'autre ne parle, encore moins chez les légionnaires. Il faut faire du remplissage. Je ne me sens pas vraiment à l'aise dans l'exercice. Je me vois déjà bafouiller et perdre mes moyens, l'image reprise en boucle au zapping.

Certains journalistes bien renseignés obtiennent mon numéro personnel. Je tente de gagner du temps. Je m'abrite derrière les consignes de *Paris Match* : il faut attendre la sortie du magazine et réserver une déclaration à l'AFP. Je demande conseil à mes professeurs à l'école de journalisme. Faut-il se montrer, au risque de blesser les proches de Benitez dans leur deuil ? J'y suis fortement encouragée. Pour me faire un nom et une place dans le métier, mieux vaut se montrer.

Finalement tout est réglé par le journal, qui met en place un plan de communication avec la rédactrice en chef transformée en attachée de presse : priorité au site de *Paris Match*, puis ce sera TF1 le matin, France Bleu Perpignan ensuite, puis Europe 1, *L'Express* et, jeudi, le jour de la parution du magazine, la matinale de BFM. *L'Obs* viendra un peu plus tard. C'est un bon début. Je m'exécute.

12.

Mercredi 7 août 2013, vers 9 heures, Levallois

Je reçois à la rédaction. Un type flanqué d'une caméra à l'épaule me suit jusqu'au bureau pour faire des plans de coupe. Je décroche le téléphone, autre image. Une dernière mise en scène : on me prie de m'installer dans la salle de conférences, là où tout se décide de manière solennelle.

Ce matin, j'ai opté pour une chemise noire, formelle et de circonstance. J'essaie de me donner de l'âge et de la contenance, j'ai l'air un peu endimanchée.

Je me plie à l'exercice. J'essaie de maîtriser mon émotion, m'efforce de rester professionnelle et sérieuse, sans tomber dans le dramatique. Trop sobre aux yeux des interviewers, certains tentent des questions sirupeuses.

— Est-ce qu'il t'a trouvé jolie ?

Je ne présente pas Benitez comme un monstre et ça agace.

— Ton idée sur l'affaire, il les a tuées ?

Ils veulent mon diagnostic. Entendre ma conviction. Prudente, je ne m'y risque pas. Il y a quelque chose qui me dérange, mais comment expliquer ce sentiment sans passer pour la débutante que je suis ?

Ils cherchent une condamnation rapide avec une réponse efficace à glisser en moins de dix secondes dans un reportage d'une minute trente. Je dois faire des phrases courtes et éviter de prendre ma petite voix. J'ai du mal à occuper mes mains et je fronce démesurément les sourcils. Je me rends compte que je suis plus à l'aise à l'écrit qu'à l'oral. J'ai l'air dur. Je reformule et panique, me perdant dans des développements interminables. Tout me paraît plus impressionnant que cette foutue rencontre dans la voiture de Benitez.

Ne pas m'excuser d'être là. Ne pas tomber dans l'indignation vertueuse. Je ne suis ni juge, ni procureure, ni avocate.

Je m'accroche à l'histoire. À force de sollicitations, j'acquiers un début de confiance. En discutant avec une rédactrice de presse écrite, je m'entends raconter que Benitez m'est apparu amaigri, « à la louche, je dirai vingt kilos ». J'aurais pu dire cinq ou dix, mais vingt paraissait plus fort. En fait, il n'avait peut-être pas perdu un gramme, mais ses joues creusées et ses traits tirés pouvaient donner cette impression. Qu'importe, la journaliste tient sa citation : « Il avait perdu vingt kilos » sera mis en exergue dans l'article.

Cette même interlocutrice m'a encore marquée lorsqu'elle m'a lancé :

— Vous vous rendez compte que certains journalistes attendent ce genre de scoop toute leur carrière, parfois même ne le décrochent jamais ?

Le ton est pesant, presque celui du reproche. Réussir comme ça dès la première enquête, paraît prématuré. On m'interroge encore.

— Pourquoi toi ?

Personne ne se doute que je n'ai pas une semaine de stage. Je réponds sans fanfaronner, parce que je n'en sais absolument rien. Je n'arrête pas de penser aux proches de Benitez et à ses amis légionnaires. J'ai peur de les froisser, de tirer la couverture à moi et qu'ils m'en veuillent. En vertu de cette crainte inexplicable, je fais profil bas.

Je n'ai pas vu venir ce rebondissement. Je suis avec les caméras, à m'inquiéter de mon image et des pressions extérieures, lorsque la nouvelle s'affiche sur tous les téléphones : dans le sillage de Benitez, une troisième femme aurait disparu. C'était en 2004, à Nîmes. Simone de Oliveira Alves, sa maîtresse d'alors, s'était évaporée, laissant quatre enfants âgés de moins de dix ans. Elle n'a jamais été retrouvée. À l'époque, Benitez avait été entendu mais pas inquiété.

« La piste criminelle ne fait quasiment plus aucun doute pour les enquêteurs dans les affaires de disparitions de Perpignan en 2013 et Nîmes en 2004, a indiqué vendredi une source proche de l'enquête à l'AFP.

« L'exhumation du dossier de disparition de 2004 à Nîmes, "c'est l'élément qui a définitivement fait pencher vers l'hypothèse criminelle", a-t-elle dit.

« Ce propos est confirmé par la qualification de l'enquête rouverte à Nîmes sur la disparition de la maîtresse brésilienne de Francisco Benitez, Simone de Oliveira Alves.

« Le parquet a rouvert les investigations non plus pour recherche des causes de la disparition, mais pour enlèvement et séquestration, a indiqué le procureur adjoint de la République de Nîmes, Cédric Emmanuelidis.

« Il s'agit d'une enquête préliminaire et non d'une information judiciaire comme cela a été rapporté dans un premier temps, a-t-il précisé.

« Les deux dossiers de Perpignan et Nîmes seront rapprochés si nécessaire, a-t-il dit [1]. »

1. Extraits AFP, dépêche en date du 9 août 2013.

À Perpignan comme à Nîmes, l'axe de travail des enquêteurs change. Le mien aussi.

Mon histoire avec le légionnaire n'est pas terminée.

Rétrospectivement, j'ai le sentiment de l'avoir échappé belle. Benitez n'est plus seulement le « témoin capital », comme le définissait le procureur adjoint de Perpignan, Luc-André Lenormand. Dans la tête de tous les commentateurs il devient un potentiel tueur.

La rédaction réclame la suite. Il faut alimenter le feuilleton en deuxième semaine. Je bûche de nouveau mon sujet. Je m'attaque aux différents profils Facebook de Benitez. J'exhume ses amitiés sur les réseaux sociaux. Nouvelle récolte d'images : le militaire dans toute sa superbe, la plupart du temps en tenue de camouflage. Son passé de légionnaire, sa vie en Espagne, son parcours de soldat, ses parents, ses collègues et amis… Ont-ils vu mes interviews ? Les légionnaires vont-ils accepter de me parler ? Il me faut remonter le fil de sa vie. Je cherche, je fouille, ma documentation s'accumule et j'écris. Je commence à me sentir journaliste. Demain, mon premier reportage paraîtra et tout le monde saura ce qui s'est passé pendant cette rencontre dans la voiture de Benitez.

Je bats le rappel pour que Benjamin me suive. Demain il partira avec moi pour ce nouveau chapitre du feuilleton.

Au plein milieu de l'été, mes amis vont à la plage sur des îles grecques, mangent des glaces à l'italienne et dansent jusqu'au petit matin dans des boîtes de nuit. Moi, je cours le meurtre, l'homicide, le crime passionnel ou le féminicide. Je ne sais pas encore comment l'appeler.

13.

Jeudi 9 août 2013, avant midi, Orly

Ils rentrent chez eux. En chemise ou tailleur sombre, lunettes à monture métallique, ils sortent pour la plupart de réunions. Ces passagers ont de vrais métiers. Ils sont commerciaux ou représentants d'administrations territoriales. Ils disent « Je monte à Paris tous les mois ». Ils ont l'air d'apprécier ces retrouvailles ponctuelles, dans cette navette Hop d'Air France. Le steward au crâne chauve parle avec le même accent chantant qu'eux et les accueille chaleureusement. Bientôt, il leur servira un jus de tomate avec glaçons et sel de céleri, sans oublier les petits sablés pur beurre du Mont-Saint-Michel, engloutis en moins de deux.

Nous n'avons pas encore décollé, mais j'ai déjà coupé mon portable. Une journaliste de France 2 m'appelle sans savoir que je suis assise juste deux rangées devant elle. Je l'entends me laisser un message. Elle aimerait bien avoir une interview pour le 20 heures, elle est en route pour Perpignan et m'invite à la rappeler. Ce jeu de l'anonymat nous amuse beaucoup, avec Benjamin. Elle a l'air plutôt sympa mais, le temps du reportage, je vais tout décliner.

En arrivant, il faut être la première à sortir. L'enjeu est de ne pas faire la queue au bureau des location de voitures et de remporter une première victoire. La journaliste de France 2 est à l'arrière, elle s'est fait surprendre par la tramontane qui souffle fort sur le tarmac : toutes ses dépêches AFP, consciencieusement imprimées, se sont envolées.

J'installe mon ordinateur dans une chambre du Mercure, là où Benitez m'avait déposée, il y a moins d'une semaine. J'entame le deuxième chapitre du feuilleton et prends mes marques dans mon nouveau QG.

Benjamin s'occupe des terrains militaires, terreau de rumeurs en tout genre, où Benitez aurait pu cacher les corps. Il veut photographier le champ de manœuvres de la Légion. La partie de Cluedo continue ! Il trouve un ULM pour prendre des images vues du ciel. Il mène des recherches au cadastre et se concentre sur la petite commune d'Espira-de-l'Agly, près de Rivesaltes, à dix kilomètres de Perpignan, traversée par deux départementales, la D18 et la D12. La rédaction adore l'idée, ce sera une parfaite double d'ouverture pour le prochain sujet sur les disparues.

Je le vois s'agiter pendant que de mon côté je cherche un angle, un témoignage, quelque chose de substantiel. Les légionnaires ne veulent pas me parler et c'est peu dire qu'ils n'apprécient pas mon inquisition.

Je jette des lignes et pose des filets pour récupérer des informations sur la maîtresse de 2004, la Brésilienne. Sans grande réussite.

Les proches de Marie-Josée commencent à témoigner dans les médias. Je m'oriente donc vers un portrait de la mère disparue.

Je contacte l'entourage. D'abord avec le frère, Édouard. Avant de l'interviewer, par téléphone, j'étudie son profil. Il tient un cabaret où se produisent des artistes transformistes, à Trans-en-Provence, entre Michou et Patrick Sébastien. Un autre monde.

Édouard se méfie des journalistes et met plus de temps à me faire confiance. Il demande à voir une photo de ma carte d'identité. Je l'engage à regarder la page 36 du journal sorti ce matin, afin qu'il puisse vérifier mon nom. Le ton est agressif, il a du mal à encaisser la cascade d'événements. Je me désolidarise de mes collègues carnassiers et m'attache à le convaincre que je ne suis pas faite du même bois.

Je ne le lâche pas et cela finit par payer.

Le frère de Marie-Josée se livre enfin. Il me décrit sa sœur, celle que j'imaginais toute discrète, dans l'ombre d'Allison, se révèle.

Je poursuis avec Emmeline, la sœur cadette, dont je trouve facilement les coordonnées. Elle habite loin, du côté de Marmande, dans le Lot-et-Garonne, où elle est aide à domicile. Je l'appelle longuement.

Je gagne la confiance de la fratrie, je les écoute et les pousse dans leurs souvenirs pour recomposer la vie de leur sœur.

L'histoire de Marie-Josée aurait pu être banale, celle d'une mère à plein temps, battante et prête à tout. C'est plus compliqué, plus fort aussi. Son parcours m'émeut, et je vais m'attacher à cette femme.

Marie-Josée naît le 5 septembre 1960 à Jeumont, dans le nord de la France, une ville collée à la frontière belge. Dans cette zone oubliée, les habitants connaissent le chômage longue durée et la précarité. Il n'y a pas grand-chose à faire et les adolescentes tombent enceintes peu après leurs premières règles.

Marie-Josée est l'aînée. Les services de l'Aide sociale à l'enfance parlent de « négligences » dans leur éducation. Marie-Josée, la grande, doit aider sa mère, et bientôt trois autres enfants, d'un autre mari, s'ajouteront. Les hurlements de bébés se mêlent aux cris des adultes. Dans la famille, les brouilles font figure de mode de vie et les enfants se détruisent les uns les autres.

Dans ce contexte difficile, Marie-Josée apprend à devenir mère avant d'être femme. À seize ans, elle accouche de sa première fille, Laura, deux ans après arrive Samy. À dix-neuf ans, Marie-Josée décide de s'émanciper et quitte la maison. Ses enfants, elle n'a pas le temps de les désirer. Son ventre se remplit encore avec Martin, puis Angèle. À chaque annonce de grossesse, on hausse les épaules plus qu'on ne la félicite. Marie-Josée est ballottée par les hommes, les pères de ses enfants, parfois même victime de leur violence.

Au lieu de supporter sa vie, elle tente de s'éloigner de ceux qui la maltraitent et de la férule d'une famille qui la tire toujours plus vers le bas. Le Nord est inhabitable, sans perspective. Marie-Josée veut se battre, prête à tout pour ménager la vie de ses enfants.

En 1988, elle s'installe à Marseille. Angèle, sa dernière, n'a pas un an. Elle trouve un couple de retraités qui accepte de la dépanner. Pas idéal avec quatre enfants si petits, alors rapidement ils doivent envisager une autre solution d'hébergement. Ils trouvent une chambre d'hôtel, place de l'Opéra, proche des bars dits « américains » parce que, longtemps, les escales des navires de guerre des États-Unis dans le port de Marseille leur apportaient une clientèle massive.

La mère de famille va tout tenter pour sortir la tête de l'eau. Là où ils dorment, elle rencontre une femme qui lui propose un appartement sans caution et une paie fixe. Une vraie chance à saisir. La contrepartie ? Il faut travailler comme hôtesse dans le bar d'en bas, le Brazilia. Le plus pratique, une évidence pour Marie-Josée. C'est la garantie de pouvoir nourrir ses enfants.

Le soir, pendant que Marie-Josée se crève la peau, Laura, la plus grande, s'occupe des devoirs de ses frères et sœur. Elle veut qu'ils aient un avenir, veut aussi aider sa mère à tous les sortir de cette misère. Les voisins sont là pour surveiller, au cas où. Et puis Marie-Josée travaille juste en dessous, c'est rassurant de la savoir pas loin. Les enfants grandissent dans ce quartier chaud de Marseille, entre la rue Saint-Saëns et la rue Glandevès, au milieu des néons roses, des rideaux de perles et des vieilles proxénètes.

Dans ces établissements où l'on fait miroiter des éclats de bonheur, les légionnaires en permission ont leurs habitudes. Fin 1988, Benitez, qui se fait appeler « Paco », entre dans la vie de Marie-Josée. Il a vingt-cinq ans. Il mesure un mètre soixante-quatorze, a les cheveux bruns rasés aux deux millimètres réglementaires de la Légion. Des yeux rieurs et quelque chose de romantique, comme dans la chanson de Piaf[1]. Toujours souriant, la mâchoire large, c'est un client charmant. Il porte beau en tenue camouflage. Jeune engagé volontaire, il soigne son physique, on pourrait dire qu'il est coquet et viril. Il n'est pas baraqué mais musclé. Il sort tout juste de la pépinière de Castelnaudary, il a deux ans de Légion et parle un peu le français, juste ce qu'il faut pour comprendre les ordres… et

1. *Mon légionnaire*, chanson écrite par Raymond Asso.

séduire Marie-Josée. Son accent espagnol et ses mots tendres tranchent avec le caractère bien trempé de Marie-Josée. Elle qui a l'habitude d'élever la voix, s'adoucit. Son regard, d'ordinaire si mélancolique, s'égaie.

Benitez revient de sa première opération extérieure à Djibouti. Domicilié à la caserne de Nîmes, il a un vrai boulot, des revenus. C'est un militaire, il n'y a pas plus stable qu'un militaire. Il a tout pour plaire.

« Un être exceptionnel », pensait la sœur de Marie-Josée, « un Don Juan, un malin », maugrée-t-elle à présent.

La chance tourne. Marie-Josée, qui se croyait inapte au bonheur, forme un couple avec Benitez. Elle se fait aimer. « C'était le grand amour, ça crevait les yeux », poursuit Emmeline.

Il rencontre les enfants, lesquels l'adoptent aussitôt. À chaque permission, son arrivée fait l'impression d'un miracle. Un homme tient à eux. En beau-père attentionné, il prend tout le temps des photos. La boîte à chaussures remplie de souvenirs de la famille, c'est lui qui la fabrique.

Si c'est une histoire sérieuse, cette fois, Marie-Josée s'empêche d'avoir un autre enfant d'emblée. En intégrant la Légion, Benitez se voit imposer un célibat contractuel et un dévouement total. Si Marie-Josée tombe enceinte, l'avortement sera une évidence. Déserter n'est pas une question, il s'est engagé comme on entre dans les ordres, pour les cinq premières années à la Légion.

Elle accepte de l'attendre. Ils pensent galons et médailles militaires. Il est ambitieux, en pleine ascension. Elle a déjà quatre enfants à nourrir, rien ne presse.

La mère de famille vit au rythme des campagnes militaires. Les missions en opérations extérieures durent trois à quatre mois, dans des endroits qui craignent. Marie-Josée tient bon. Il faut tenir jusqu'au retour, sans s'inquiéter à la moindre tragédie annoncée aux informations.

Marie-Josée s'est habituée à vivre seule, la situation lui convient. Elle est indépendante et assume tant bien que mal sa famille. Ses soucis financiers ne sont pas terminés, elle doit encore lutter pour s'en sortir. Alors que son légionnaire est envoyé au Koweït pour la première guerre du Golfe, la famille retourne dans le Nord, quitte à affronter les vieux démons. Les temps sont durs pendant une année. Les enfants de Marie-Josée se font lyncher et traiter de bâtards. Rien de bon ne pourra en sortir, que des damnés par ici. Il faut repartir au plus vite. Elle rejoint Benitez de retour de mission dans le Sud, et se raccroche à lui.

Nouvel asile, la famille s'installe d'abord dans un appartement à Montpellier. Marie-Josée déplace les enfants d'une école à l'autre. Elle tente une formation dans la vente, distribue les annuaires, devient ouvrière agricole, et fait des ménages. Finalement, elle trouve un job d'aide à domicile, le secteur qui embauche partout, tout le temps, même sans permis. Elle se lie d'amitié avec certaines familles. Elle travaille avec le grand âge et connaît ses tâches : lever, coucher, toilette et soins d'hygiène.

Ses fils se sont déjà éloignés, surtout Samy qui a voulu jouer les grands face à Paco. Marie-Josée a choisi son camp, elle l'a foutu dehors. « Il n'était pas majeur », me précise sa sœur.

En 1994, Marie-Josée est enceinte, une nouvelle accueillie avec beaucoup d'émotion par un Benitez tout juste libéré de son célibat forcé. L'événement ne pouvait pas tomber mieux, entre l'opération de maintien de la paix au Cambodge (Apronuc), et celle au Tchad baptisée « Épervier ».

La suite je la connais par le biais du portrait d'Allison déjà réalisé la semaine dernière. Tout coïncide : Mayotte, le mariage, Saint-Gilles, une dizaine de missions, principalement en Afrique. Il les fait toutes avant de s'installer à Perpignan, il y a deux ans.

Avec Marie-Josée, l'amour va se déliter dans un processus lent. Elle sait que Paco la trompe et ça la rend folle. Ils ne sont plus qu'un couple désaccordé. Leurs mots deviennent insultants et la rupture est douloureuse. Marie-Josée est très seule, elle s'ennuie. Depuis qu'ils sont dans les Pyrénées-Orientales, Benitez s'absente souvent. Il quitte le domicile à Noël 2012 mais il veut garder le lien avec Allison. À chaque passage au domicile familial, il sait qu'il va affronter les foudres de Marie-Josée, il s'y est fait. Leurs discussions s'enveniment. Elle aboie, cherche l'affrontement lorsqu'il tente en vain de recoller les morceaux. Quand il demande des caresses, elle lui répond « va te faire foutre ». Au fil des échanges, Benitez apparaît comme le pacifique du couple, le gentil.

Marie-Josée ne travaille plus. Son corps la lâche. Elle souffre d'un mal de dos et sa hanche la fait boiter. Elle ne peut plus s'occuper des personnes âgées. Elle a bien tenté une formation de cuisinière en restauration collective proposée par Pôle emploi, mais elle s'est arrêtée après quelques semaines.

Elle touche une allocation chômage, joue aux jeux à gratter et erre dans les allées des énormes centres commerciaux de la ville. Parfois elle s'offre une petite robe, pas chère, ça lui égaie sa semaine. La plupart du temps, elle attend. Elle attend les appels de ses filles et le retour d'Allison du salon de coiffure. Après la vie de famille nombreuse, c'est le silence. Allison construit sa vie. Marie-Josée la suit tant qu'elle peut, jusqu'à ce qu'elle se retrouve complètement seule. Elle ne s'était pas préparée à ça.

Depuis son départ du Nord, elle n'a plus de nouvelles d'Emmeline. Les deux sœurs sont brouillées depuis plus de vingt ans. Je n'obtiens pas la raison de la fâcherie. Maintenant que sa sœur a disparu, l'autre s'en veut. C'est délicat de lui donner la parole, elle ne me paraît pas si proche de Marie-Josée. Quelle valeur accorder à son témoignage ?

— Il les a tuées.

Emmeline en est convaincue. Elle demande qu'on retourne les terrains militaires, la caserne... Elle a aussi entendu parler d'une casse de légionnaire...

C'est vrai qu'ils n'étaient pas si intimes avec son frère non plus. Enfin, surtout avant qu'Allison retrouve son oncle sur les réseaux sociaux. C'était en 2011, il y a seulement deux ans. Une éternité qu'ils ne s'étaient pas donné de nouvelles. L'adolescente rêvait de réunir sa famille déchirée. Allison avait organisé des retrouvailles, Benitez exécutait le plan de sa fille, jouant les chauffeurs pour récupérer Édouard et sa compagne. La surprise fut réussie. Marie-Josée paraissait heureuse devant son frère.

— Avec Paco elle formait un couple qui donnait le change, qui souriait.

C'était la première fois qu'il rencontrait son beau-frère et il l'a tout de suite apprécié.

Édouard m'envoie une quinzaine de photos de l'événement. Je découvre alors des scènes joyeuses entre Francisco

Benitez et Marie-Josée. L'histoire se construit en images avec une grande tablée réunie autour du couple, tout sourire. Les verres sont vides, le paquet de Winston rouge posé sur la nappe donne l'impression d'une fin de repas à rallonge. Sur l'une des images, Marie-Josée pose délicatement, presque tendrement, sa tête sur l'épaule de Benitez. Je remarque qu'il porte une alliance en or jaune et qu'il sourit fort. Le reportage photo continue avec une balade du couple dans les rues de Perpignan. Rien d'extraordinaire, mais pour Édouard ces photos sont censées prouver qu'on n'a pas pu se tromper sur l'homme, qu'il ne pouvait pas jouer la comédie.

Le frère de Marie-Josée a appris la disparition de sa nièce et de sa sœur par les médias. C'était le mercredi 31 juillet, le jour de la diffusion du premier appel à témoins dans la région.

Il a tout de suite composé le numéro de Benitez.

— Je lui ai demandé pourquoi il ne m'avait pas contacté avant d'aller au commissariat. Je ne comprenais pas pourquoi il s'adressait à la police avant de joindre la famille chez qui elles auraient été susceptibles de se réfugier. Il aurait dû d'abord faire le tour des proches, non ? Francisco m'a répondu qu'il ne souhaitait pas alarmer la famille. De plus, il n'avait pas mon numéro. Le sentant complètement désemparé, je n'ai pas voulu l'embêter plus, malgré ma colère et mon inquiétude.

Jeudi, il appelle le commissariat à de nombreuses reprises.

Une pensée le traverse. Et si Benitez avait quelque chose à se reprocher ? Le jeudi soir, encore, il était 20 heures, les disparues faisaient l'ouverture du JT.

— Je lui ai alors demandé s'il avait fait une bêtise. Je sous-entendais dans ma question : est-ce que tu les as tuées ? Francisco m'a répondu : « Ne crois pas ça, je ne ferais jamais du mal à ma Pépette, tu me connais. » Sa réponse me paraissant sincère, nous en sommes restés là.

Je me dis que c'est quand même étrange de poser cette question à son beau-frère.

Dimanche 4 août, Édouard a pris la route avec sa compagne. Ils ont parcouru les quatre cents kilomètres au plus vite parce qu'ils voulaient être sur place pour avoir l'impression d'agir. Ils ont fait une déposition au SRPJ, chacun pour raconter le couple Marie-Josée et Benitez.

Une fois qu'ils ont eu tout dit, ils se sont sentis bien seuls dans les rues de Perpignan. Par où chercher ? Ils ont fait comme moi, ils ont appelé Benitez à plusieurs reprises pour le voir. C'est alors qu'Édouard lâche :

— Moi aussi, je l'ai vu. C'était juste après vous, dimanche vers 18 heures.

Je le fais répéter.

Il ne sait pas à quel point ce qu'il vient de dire m'apaise.

Je ne suis plus la dernière personne à avoir vu Benitez en vie. Quelque part, cette information me soulage.

Il poursuit :

— Paco est venu nous chercher en voiture à l'hôtel. Il pleurait tellement sur le trajet qu'on a pensé qu'on risquait l'accident. Il s'est arrêté quatre fois pour pleurer, les gens nous klaxonnaient.

Ils ont bu un café sur la terrasse du Quick, celui à la sortie de la ville, loin des journalistes et de la caserne. Longtemps les deux hommes se sont fixés droit dans les yeux.

— Il répétait : « Mais qu'est-ce qui s'est passé ? » Il m'a dit que je lui avais fait vraiment mal en lui demandant s'il était pour quelque chose dans la disparition d'Allison et de Marie-Josée. Il a rabâché cette histoire de facture EDF, d'une dispute et d'un départ précipité pour Toulouse. Il a parlé de la pression des voisins. Il m'a aussi confié qu'il songeait à faire une bêtise. (Un silence.) J'ai dû lui promettre de m'occuper de Laura et d'Angèle. Il n'a pas cité Allison…

L'entrevue a duré deux heures. Enfin, le légionnaire leur a demandé de le laisser, il a annoncé qu'il avait prévu de dîner avec un de ses gars, un sergent-chef.

Le cœur lourd, ils ont obtempéré. À leur tour, Benitez les a ramenés à leur hôtel.

Le soir, il les a contactés une dernière fois : il fallait qu'ils regardent la vidéo enregistrée sur l'iPad et déjà diffusée sur Internet. Qui aurait pu imaginer l'imminence du drame ?

À l'annonce du suicide de Benitez, ils se sont effondrés.

Qui pourrait croire qu'un monstre s'est infiltré dans sa famille ? Le frère de Marie-Josée refuse tout net d'y croire. Benitez n'était pas un assassin.

— Tant qu'il me reste un peu d'espoir, je ne douterai pas de lui.

Il cherche dans sa mémoire mais rien ne vient ébranler sa confiance. Il n'a pas fait le deuil, il est encore dans le chagrin.

14.

Samedi 10 août 2013, Perpignan, hôtel Mercure

Les reportages consacrés à la Légion étrangère commencent toujours de la même manière. Des gradés qui hurlent leurs ordres sur des soldats plongés dans un étang de boue. Ils se relèvent, retirent la glaise de leurs yeux et repartent, le visage crispé. Le dos courbé par un sac qui semble peser deux fois leur poids, ils chutent encore. Les types se ramassent sans broncher, à croire qu'ils aiment souffrir.

La voix off, masculine et grave, annonce cinquante-deux minutes haletantes :

« Ils sont porteurs de mystères. Ils appartiennent à une force combattante unique [*un temps*] : La Légion étrangère [*plan fixe sur un visage taillé à la serpe, regard vers l'horizon*]. Ils sont formés à tuer, dévoués à leurs missions, jusqu'au sacrifice ultime [*musique militaire qui donne des palpitations jusque dans les tempes*]. »

L'identité de ces hommes au passé trouble intrigue et assure un bon Audimat. On connaît déjà la fin du documentaire, forcément fatidique, avec un képi blanc sur un cercueil recouvert d'un drapeau bleu blanc rouge. C'est attendu, mais l'image reste efficace.

La légende suit son cours.

Le côté légionnaire confère une dimension romanesque et sulfureuse à l'affaire des disparues. J'y colle l'étiquette un peu infamante, et forcément caricaturale, de soudards originaires de pays lointains, d'apatrides peu recommandables, qui ont pris les armes pour la France. Il m'a toujours paru un peu curieux de vouloir aller se battre pour un autre pays que le sien.

Mes connaissances sur la Légion étrangère s'arrêtent là.

J'épluche l'histoire de cette armée dont la création remonte à 1831. Je trouve nombre de témoignages de légionnaires sur des forums Internet. Mon ordinateur explose de pages d'informations à ingérer.

Il n'est pas toujours facile de décrypter leur jargon, truffé d'acronymes et de références militaires.

Je surveille la moindre discussion se rapportant à Perpignan. D'anciens collègues de Benitez parlent. Ils racontent leurs expériences sur le terrain avec « l'adc », comprendre l'adjudant-chef. Ils se gavent d'infos et décortiquent les articles de presse.

Je relève leurs noms et ceux des régiments cités. Je me dis qu'il serait pertinent de connaître la valeur du soldat Benitez. Depuis le début de cette histoire, je me demande s'il a tué au cours de ses missions, ou bien s'il n'était qu'un simple sous-fifre chargé de tâches administratives.

J'espère aussi déceler un indice au sujet de ce foulard qui lui cachait le visage. J'en cherche toujours la signification, ça tourne à l'obsession.

Je retrace le parcours classique d'un légionnaire de carrière. Étranger, engagé volontaire au plus bas de l'échelle, Benitez a été promu. Régulièrement. Jusqu'à atteindre le grade d'adjudant-chef, juste avant celui de major, le plus haut des sous-officiers. Je me dis que ce n'est pas si mal et que le personnage a peut-être plus d'épaisseur que je ne le pensais.

Je consigne les dates des grandes campagnes.

Ces fiches m'aident à comprendre le système Légion.

Je me prépare avant de contacter son entourage professionnel, comme un acteur se documente pour un rôle. Je veux comprendre le langage des légionnaires, savoir ce qui les rend fiers, ne pas me faire avoir par un discours formaté.

Match s'efforce de m'aider à distance. On me communique les numéros des services de presse de l'armée de terre et les lignes directes de colonels rencontrés lors de reportages « embedded [1] » sur des terrains de guerre. Mais fin de non-recevoir immédiate. Personne n'accepte de me parler.

J'épluche le carnet d'adresses de Benitez, trouvé sur les réseaux sociaux. Une liste de patronymes imprononçables, d'origine malgache, ukrainienne ou des Balkans. Un à un, je les appelle et me présente, « Pauline Lallement, journaliste à *Paris Match* ».

Aucun n'accepte de me rencontrer physiquement. La plupart raccrochent même en entendant le mot « journaliste ». Je rappelle, insiste. J'essuie des menaces de représailles au moindre article que je pourrais écrire les mentionnant. Je pense que je ne risque pas grand-chose depuis ma chambre d'hôtel, même si je reste attentive aux bruits d'ascenseur ou de pas à proximité de ma porte.

---

1. Reporter embarqué dans une unité militaire sur une zone de conflit.

Je me présente à l'amicale des anciens légionnaires des Pyrénées-Orientales. Je me plante au milieu d'un cercle de vieux messieurs assis sur des chaises en plastique. Ils ne veulent pas être cités et me préviennent.

— On a un principe : on ne crache pas sur les autres légionnaires.

Dont acte. Mais ce n'est pas ce que je leur demande.

Je repars sur la Toile. Au sein de cette armée de colosses mutiques, ceux qui daignent me parler se cachent derrière leurs écrans. Quelques courageux finissent par me donner leur numéro et m'accordent une conversation téléphonique.

Point commun des plus bavards, ils ont tous quitté la Légion. Ces retraités, parfois encore jeunes, se sont recyclés dans la sécurité privée ou en hommes de main au service de riches Monégasques. De retour à l'état civil, ils craignent moins leur ancienne hiérarchie.

Ils ne portent plus l'uniforme, mais leur ferveur est intacte, c'est dans leur ADN. *Legio patria nostra* [1], ont-ils tatoué sur leur torse, côté cœur.

Dans la presse, il est souvent question d'un « code d'honneur », aisément consultable sur Internet. Son article 2 prend tout son sens : « Chaque légionnaire est ton frère d'arme, quelle que soit sa nationalité, sa race, sa religion. Tu lui manifestes toujours la solidarité étroite qui doit unir les membres d'une même famille. »

Toujours au téléphone, je tente différentes stratégies. Je les interpelle sur le suicide de Benitez.

— Tous camarades, répètent-ils encore.

— Tu n'abandonnes pas tes morts, renchérit un autre.

1. La Légion est notre patrie.

À la Légion, les tragédies s'affrontent collectivement.

J'essaie de traduire dans mes notes le peu qu'acceptent de me livrer ces hommes dans un français souvent limité et malmené par des accents parfois rêches.

Les hommes qui entourent Benitez lui ressemblent. Ils sont persuadés que son crime est d'appartenir à la Légion étrangère. Ils veulent l'innocenter pour sauver leur propre peau. Benitez est une victime, cherchent-ils à me convaincre.

Il y a de la langue de bois dans ce qu'ils me racontent. Je ne suis pas dupe, mais ce que je découvre m'impressionne. Ils forment une communauté d'hommes impénétrables, liés par un destin collectif. Cette charge affective se ressent dans tous les témoignages compilés.

Aliksey, un ex-instructeur, apporte un autre élément à la défense de Benitez :

— À la Légion, on n'apprend pas à tuer sa femme.

Il me rappelle que pour ces soldats la famille est sacrée, il est impensable que Benitez ait pu toucher à un cheveu de sa fille.

— Les enfants ? N'y pensez pas. Nous en voyons tant souffrir dans les pays où nous allons en mission.

Je demande à quelle occasion il a rencontré Benitez.

— Un stage où on apprend à tuer à mains nues.

Brutal et spontané. En arrachant tout romantisme à l'image d'Épinal du légionnaire, il me rappelle que ces hommes sont des soldats avant tout. Je ne sais pas s'il cherche à se faire mousser ou à me terrifier.

Je n'ai pas le temps de lui demander des précisions qu'il s'arrête net. Il pense avoir entendu des bruits sur la ligne. Il se demande si je suis sur écoute. Ce n'est pas le premier à émettre l'hypothèse. Et c'est toujours la même réaction qui s'ensuit. Le ton change, la conversation tourne court, aucun retour en arrière possible. Fin de la discussion.

À force, ces hommes rompus aux techniques de surveillance finissent par me convaincre. Moi aussi, j'entends des sons parasites. Alors, je change de stratégie et prends davantage de précautions. Je récupère le téléphone de Benjamin, rappelle de la chambre d'hôtel et songe même à acheter un portable jetable, le temps du reportage. Cela ne simplifie pas vraiment ma tâche et ne favorise pas une relation de confiance avec ces militaires, mais je m'accroche.

Cette enquête, j'ai envie de la mener pour mon propre compte. Elle m'aspire et absorbe toute mon énergie. Faute d'expérience du terrain, je ne sais pas où s'arrête le journalisme et où commence le perso. Imperceptiblement et sans le moindre scrupule, je glisse sur le terrain des détectives privés et j'avance. Les derniers mois de Benitez se précisent.

15.

Janvier 2013, caserne Joffre

Signe qu'il y a de l'eau dans le gaz avec sa femme, le chef s'est mis à dormir au quartier alors que ce n'était pas vraiment son habitude. Il a dû installer un lit dans son bureau parce que les chambres de la caserne sont destinées aux rares permanences des caporaux-chefs : Clément T., Sébastien C. et Cyril S., ou aux volontaires de passage.

Personne ne vit dans ce bâtiment. Les subalternes de Benitez ont tous leur pavillon qu'ils retapent le week-end, une femme qui les attend et des horaires fixes. Ils s'arrangent entre eux pour faire les heures et tenir le poste d'information de la Légion étrangère, le PILE, au mieux, sans pour autant s'astreindre à dormir sur place.

Les candidats, eux, sont convoqués deux fois par semaine. Et cela se déroule toujours de la même façon, suivant un protocole précis. Ils passent sur place une journée et une nuit, grand maximum. Au programme : information, constitution du dossier et inventaire du sac. Ensuite, un caporal-chef conduit le candidat à la gare, destination Aubagne ou Nogent.

Ces brefs séjours à la caserne Joffre ne gênent pas vraiment Benitez dans ses appartements. Il ne croise personne.

Les relations au PILE restent purement hiérarchiques. Mais parmi les subalternes, tous s'accordent à dire que Cyril S. est le préféré. Cet homme au visage anguleux, au physique grand et sec, plutôt du genre taiseux, se voit offrir un traitement de faveur que personne ne s'explique. Benitez et lui se connaissaient depuis le 2e Régiment étranger de génie du plateau d'Albion. Une affectation compliquée, rarement souhaitée, alors forcément ils ont noué des liens. Quand une place s'est libérée au PILE, Benitez a prévenu Cyril S. et l'a fait venir.

Cyril S. lui rend quelques services, surtout de la mécanique sur sa voiture, une climatisation à changer, des cartons à déplacer.

Le chef lui accorde pas mal de passe-droits. Ça fait enrager les collègues. Comme pour le défilé du 14 Juillet de cette année : Benitez lui a fait la fleur de le dispenser pour le remplacer à la hâte par Sébastien C. Il existe pourtant un tour préalablement décidé et acté, mais la Légion aurait demandé un gars physiquement standard, donc de moins d'un mètre quatre-vingts. C'est du moins la raison qu'a donnée Cyril S. lorsqu'on lui a demandé une explication à ce changement de dernière minute.

Cyril S. sait bien que ça fait jaser. Mais qu'importe, il n'en a plus pour longtemps. Il va bientôt se faire rayer des cadres de la Légion, c'est prévu pour le 5 août 2013. Là encore, Benitez l'a aidé pour faciliter sa sortie des rangs, en intervenant en haut lieu. Il faut dire que Cyril S. a un solide projet de reconversion, la reprise d'une casse [1]

1. Il s'agit de la casse dont la sœur de Marie-Josée parlait et qu'elle aimerait voir fouillée, mais il semble que les enquêteurs attachent peu d'importance à cette piste (N.d.A.).

proche de Perpignan. Dans son garage, personne ne viendra l'emmerder. Tout est prêt, le vendeur a préparé l'acte d'achat.

Pourtant, si l'ambiance au PILE n'est pas à la camaraderie, rien ne filtre à l'extérieur de la caserne. Les caporaux se plaignent entre eux d'un manque d'activité, mais les chiffres de candidatures de Benitez sont en constante augmentation. Dehors, il rayonne, et la Légion apprécie.

Sociable, les autorités locales le décrivent d'un bon allant, un type convivial toujours prompt à sortir la trompette. Au gré des cérémonies, il se balade des dépôts de gerbe aux commémorations, en passant par la traditionnelle crèche de Noël. Il n'hésite pas à revêtir l'uniforme et à se coiffer du képi blanc lors de représentations avec le maire de Perpignan, Jean-Marc Pujol, élu UMP.

En tant que recruteur, il est la façade du bon légionnaire. À chaque représentation, il prend des photos et alimente la page Facebook du bureau. Il anime les différentes pages Internet comme un apprenti *community manager*. Les photos sont un peu floues et mal cadrées, mais les anciens, éparpillés un peu partout dans le monde, apprécient et commentent en se rappelant le bon vieux temps.

Il se dit encore de lui qu'il est « au fait des convenances, passionné, fin d'esprit ».

La définition même du gentleman légionnaire.

16.

Vendredi 9 août 2013, 16 h 30, Perpignan

« Exclusif : Le dernier appel de Benitez avant de mourir.

« Francisco Benitez, cet adjudant-chef de la Légion qui s'est suicidé le 5 août après la disparition de sa femme et de sa fille à Perpignan, avait semble-t-il une maîtresse en Espagne.

« Selon nos informations, il lui a longuement téléphoné dans les heures précédant son suicide par pendaison, au sein de sa caserne. Les enquêteurs ont retrouvé la trace d'un appel passé aux alentours de 4 heures du matin. Selon les médecins légistes, la mort du militaire – lui-même né en Espagne il y a 50 ans – est survenue entre 5 heures et 7 heures du matin [1]. »

Les policiers reprennent les fadettes de Francisco Benitez. Un à un, ils rappellent et entendent ses contacts. C'est dans cette liste qu'une dernière communication est apparue dans les heures précédant le suicide. Benitez a composé à plusieurs reprises le numéro d'une femme géolocalisée de l'autre côté des Pyrénées.

Alors que toute la presse se démène pour ressortir des informations sur la disparition d'une autre maîtresse, en

1. Stéphane Durand-Souffland, flash actu sur le site du Figaro.fr.

2004, à Nîmes, voici qu'un nouveau personnage surgit, une conquête de plus à retrouver. Toutes ses devancières ont disparu, pas elle. Est-ce qu'elle savait, pour les autres ?

Je reprends le profil Facebook de Benitez. *Paris Match* demande à Nathalie, une pigiste franco-espagnole, de se mettre sur le coup. Elle est chargée de la presse locale, laquelle commence à relayer l'affaire. D'une minute à l'autre, les enquêteurs, les témoins ou éventuels complices, harcelés par les médias ou même de simples curieux, peuvent supprimer leurs pages encore publiques. Ce sursis se rajoute à notre frénésie. J'essaie un moment de m'infiltrer sur les sites de rencontres mais il faut payer, et l'ampleur des recherches me paraît beaucoup trop fastidieuse. Pressée, je me concentre sur les commentaires des photos, je me convaincs que je pourrai la reconnaître. À force de fouiller sur les profils publics des amis légionnaires, des femmes de soldats et des groupes de sympathisants de la Légion, je fais une belle découverte : un deuxième compte au nom de Francisco Benitez. Celui-ci paraît plus professionnel ; dans sa liste d'amis, que des hommes en treillis, comme lui. Benitez y affiche le prospectus du PILE avec les coordonnées de la caserne Joffre. Et sur ce compte, Allison n'apparaît pas. Que pourrait-il vouloir cacher à sa fille sinon ses conquêtes féminines ?

Et là ce n'est pas compliqué : sur ce profil, il n'y a qu'une seule femme en contact avec lui. Elle s'appelle Magdalena. Même floue, une certaine élégance se dégage de sa photo de profil. Elle me fait penser aux hôtesses de l'air d'une autre époque, avec son chignon banane qui lui étire le visage et ses yeux bleus, perçants. Elle doit être belle.

Aucun doute, c'est elle, la maîtresse espagnole. Le dernier appel de Benitez.

Je prends des captures d'images. Elle dit venir d'un petit village dans la province de Gérone. Ce n'est pas loin de Perpignan, seulement deux heures. J'ai l'intuition que je tiens quelque chose.

Elle aime des groupes très divers : le Camp Nou, le stade du FC Barcelone, quelques titres de chansons romantiques en espagnol et en français, le consulat français de Barcelone, puis les anciens de la Légion étrangère en France. Il n'y a pas de femmes à la Légion, c'est étonnant, particulier, de s'y intéresser. Je me demande si Magdalena est mariée à un légionnaire ? Elle a deux filles. Rien n'exclut un amant.

J'ai envoyé le lien de ce deuxième profil de Benitez à Nathalie. Je lui donne ma conclusion : « Vu son Facebook, je pense qu'elle parle français. »

Je tombe sur une photo de Magdalena posant devant la tour Eiffel, les bras en croix. En mai 2013, Benitez a posté un commentaire : « Le photographe a bien pris la photo, ahah ». Il était donc à Paris avec elle.

Le 15 juillet, il commente encore. Cette fois, c'est un paysage qui lui rappelle le sud de l'Espagne ; sa fille a alors disparu depuis vingt-quatre heures. « Pas trop inquiet le papa/mari abandonné », balance Nathalie. « En tout cas, si ce n'est pas elle, elle lui plaît. »

Il est mielleux, suffisamment pour me convaincre : même si elle n'est pas le dernier appel de Benitez, ces deux-là avaient une relation intime.

Il l'appelle « Magda », elle le surnomme « Kiko ». Après Paco, c'est un deuxième surnom pour Benitez. Dans les grandes affaires criminelles, les qualificatifs et les surnoms construisent une légende : « l'ogre des Ardennes », « le tueur de l'Est parisien », « le cannibale à l'arbalète ». Dans mon histoire, il y a encore trop d'inconnues : le mode opératoire, le type de victimes, les lieux.

Une idée s'installe.

Francisco, Paco, Kiko sont autant d'identités. Le légionnaire s'est inventé des personnages. J'imagine un bon et un mauvais côté de Benitez, selon les hommes et les femmes qu'il rencontre, à l'intérieur et à l'extérieur de la Légion. Qu'est-ce qui peut déclencher la métamorphose monstrueuse du légionnaire aux brillants états de service ? Me viennent des images de créature à deux têtes. Par la construction mentale de cette hydre fertile, je m'éloigne de l'homme désespéré et larmoyant de dimanche dernier. Et du danger de la compassion.

À Perpignan, la PJ a convoqué l'ultime confidente de Benitez, la maîtresse espagnole, je ne sais pas s'il s'agit de Magdalena, je le suppose. Mentalement, je visualise la scène. Elle a dû leur raconter leur relation et, surtout, l'appel. J'imagine Benitez se confiant alors qu'il a décidé de mourir.

Je dois absolument parler à Magdalena.

Il faut la contacter sans la brusquer. Quel intérêt aurait-elle à me parler ? J'hésite et finalement je me décide à lui écrire un mot sur Messenger.

Je reprends le fil de mes recherches sur Facebook.

Le deuxième compte de Benitez, sa liste d'amis que je fais défiler. Et là, plus rien. Elle n'y est plus. Magdalena a supprimé son compte et effacé son profil de la Toile.

C'était donc bien elle, la maîtresse espagnole. J'en suis sûre. Je ne trouve aucune autre explication à cette disparition virtuelle. Si quelqu'un sait quelque chose, ce ne peut-être qu'elle.

17.

Dimanche 11 août 2013, le soir, Le Barcarès

Nul ne sait comment se comporter. Il faut du tempérament pour affronter le public et avoir l'air décontracté. Elles connaissent la chorégraphie, elles ont répété tout le week-end. Les onze candidates ont rencontré l'un des deux psychologues mis à leur disposition. L'une après l'autre, elles ont déversé leurs angoisses et leurs espoirs.

— On a envie de se dire qu'Allison est en vie, qu'elle se protège peut-être quelque part, mais qu'elle va bien, se rassure Cindy Filipiak devant « ses filles ».

La parole de chacune est encadrée, face à des journalistes venus en nombre et tenus à distance par des hommes de sécurité. Pas encore reines de beauté et déjà sous pression.

Le concours de Miss Roussillon, c'est l'épicentre du drame ou le point de départ de l'attention. Une Miss disparaît et les journalistes affluent. Sans la petite notoriété d'Allison, qui sait si un article aurait évoqué ce fait divers ? Peut-être même que Benitez n'aurait pas été inquiété.

Ne rien changer au programme des Miss, c'était s'exposer aux critiques. Un membre du jury a préféré annuler sa présence par respect pour la famille des disparues. Les sponsors, le comité, même la ville ont légèrement débattu. Il faut dire que c'est un événement pour la municipalité, pas aussi important que les feux d'artifice du 14 Juillet, mais suffisamment pour convaincre. Décision a été prise de maintenir le concours. Il faut une Miss Roussillon pour le national. La fête devra être belle, avec strass et paillettes.

Il n'y avait pas meilleur endroit pour installer le podium, face au parking du front de mer. C'était bien mieux que la salle polyvalente et plus adapté pour le public assidu à chaque couronnement local. Cette année, c'est une foule qui s'est déplacée, estimée à deux ou trois mille personnes, un chiffre à la louche donné par des journalistes du coin. En plein cœur de l'été, la station balnéaire du bord de la Méditerranée fait le plein. Des plages aux campings, personne ne peut manquer les affiches avec Marine Lorphelin, Miss France 2013. L'événement attise la curiosité des touristes autant que des Catalans. Certains veulent croire à un coup de théâtre, l'apparition d'Allison qui viendrait mettre fin au cauchemar.

Sylvie Tellier s'avance avec l'autorité d'une reine mère. Elle est grave. Ce soir, c'est elle qui reçoit. Elle ne se laisse pas applaudir. Elle doit assumer son choix de présenter ses candidates coûte que coûte et réchauffer les cœurs malgré le temps mauvais. Elle veut parler d'Allison. Sans hommage – elle n'est pas décédée, simplement disparue. Difficile et délicat de dire ce qu'elle est, d'ailleurs. C'est trop tôt, on n'ose encore parler d'elle au passé.

— Certains l'ont peut-être vu dans la presse, cette élection est particulière ce soir, car nous allons vous parler d'une jeune femme disparue dans des conditions inexpliquées depuis plusieurs semaines. Elle s'appelle Allison, elle a disparu avec sa maman. Elle rêvait de devenir Miss

Roussillon, alors automatiquement nous ne pouvons pas faire cette élection ce soir sans penser à elle. Alors ce soir est un jour de fête, nous allons vous présenter onze candidates qui rêvent comme Allison de devenir Miss Roussillon.

Montée de frissons dans la salle, le public échange des regards et les cœurs se soulèvent.

— Elles ont souhaité monter sur scène ce soir pour vivre leur rêve, ça se fera en pensant à Allison. Elles ont souhaité se joindre à elle et porter un message d'espoir, elles portent toutes un petit bracelet vert en signe d'espoir.

Elle couvre d'un regard maternel ses ouailles, alignées dans les coulisses.

À chaque silence et reprise de respiration, l'atmosphère s'alourdit. Marine Lorphelin fait son entrée, robe meringue et diadème royal sur la tête. Bouleversée, elle parle le plus brièvement possible

— Je suis très émue, finit-elle par murmurer.

Double charge pour les jeunes filles qui attendent, fébriles. Pour ne pas gâcher la fête, les faisceaux lumineux apparaissent rapidement, en tourbillon. Les apprenties Miss marchent et sourient comme des automates, les cheveux en crinière. Leurs corps enveloppés dans des foulards couleur or, elles déambulent telles des danseuses indiennes sur une musique bollywoodienne.

L'adrénaline balaie les inquiétudes. Sur scène, elles découvrent leurs corps dans des minirobes à sequins, on croirait voir des boules à facettes. Tout en jambes, elles respectent le pas des Miss, une lettre sur la hanche pour les distinguer, un demi-tour et puis s'en vont. Une affirmation de beauté. Elles ont travaillé fort pour ce gala et appris à tenir la tête haute.

Rien d'amateur. C'est déjà la réplique troublante de la grand-messe de TF1, sans Jean-Pierre Foucault en meneur de soirée. Malgré l'onde de choc sur la planète des Miss, elles affichent encore leur insouciance. L'objectif est grand le 7 décembre avec ce titre de Miss France 2014, les millions de téléspectateurs et, à la clé, un lancement de carrière. Les anciennes Miss sont femmes d'affaires, candidates de télé-réalité ou mannequins. Ce côté *École des fans* pourrait être gnangnan, pourtant il y a quelque chose de fascinant dans ce désir absolu de devenir, pour un an, la plus belle.

Avec un tel enjeu, elles s'y sont préparées parfois depuis des années. Pour certaines, c'est une énième tentative après Miss Littoral, Miss Catalogne ou encore Miss Perpignan. Il y a des concours partout, tout le temps, avec toujours les mêmes critères : un mètre soixante-dix minimum, aucun tatouage, célibataire, entre dix-huit et vingt-quatre ans.

Une à une, elles se présentent. Aisance à l'oral, élégance, diction, tout est analysé par un jury attentif. Sabine parle de ses études en commerce international, Norma de son envie de faire rayonner la magnifique région du Roussillon et Sheana de ses cinq langues. Impressionnée, la salle souffle d'étonnement et commente.

Les chances de remporter le titre s'évaluent aux applaudissements et sifflements. Chacun défend sa favorite et les familles s'affrontent pour encourager leur candidate. Tous hissent leurs portables bien haut, zoom au maximum. Les grands-mères s'émeuvent aux larmes de voir leurs petites-filles sur le podium.

Nouveau passage, avec cette fois le défilé en maillot de bain, puis déferlement de robes de mariée, volumineuses, en tulle et paillettes.

Norma Julia, vingt et un ans, est élue. Elle pleure, salue la foule et tient déjà son rang. Marine Lorphelin l'entoure de ses bras et la présente au public qui l'applaudit, sans clameur. Les spectateurs voient double, confrontés à l'ombre d'Allison, bien présente et déroutante.

Demain, les journaux titreront sur la Miss absente.

18.

Dimanche 18 août 2013, 16 h 59,
Commissariat de Perpignan

Christine L. […], après avoir prêté serment de dire toute la vérité et rien que la vérité, dépose comme suit :

Je suis une amie de Marie-Josée Benitez depuis un an à peu près. Nous nous sommes connues à la clinique catalane qui se trouve près de l'aéroport. Elle était employée en CDD pour une durée de six mois. Pour des raisons personnelles, elle a mis fin à son contrat avant terme. Nous avons continué à nous voir, à faire des sorties ensemble, à nous téléphoner.

Elle voulait se séparer de son mari Francisco, et comme je suis divorcée moi-même, elle m'avait demandé l'adresse du cabinet de mon propre avocat. Elle est donc partie voir cet avocat pour qu'il lui donne quelques conseils. Il lui avait conseillé de réfléchir avant d'entamer une procédure de divorce et ceci parce qu'elle n'avait pas de travail avec une fille à charge. Aussi, Marie-Josée avait décidé d'attendre.

Je ne sais pas si Francisco avait été mis au courant à ce moment-là du désir de séparation de Marie-Josée. Je crois qu'elle n'en avait pas parlé à Francisco, elle me l'aurait dit.

Cela a dû se passer il y a six mois environ. Marie-Josée n'était plus à la clinique.

Vers la période avril-mai, Marie-Josée m'avait dit que Francisco s'était engueulé avec sa fille Allison. À cette occasion, Marie-Josée m'avait dit qu'elle s'apprêtait à faire quelque chose de très dur à faire et à dire. Elle n'a pas voulu en dire plus et je n'en ai pas su plus.

J'ai compris et j'en suis sûre, qu'elle ne parlait pas de séparation puisque sur ce sujet, nous en parlions librement. Aujourd'hui, je ne sais toujours pas ce qu'elle a voulu dire par ce « quelque chose de très dur à faire et à dire ». C'était une conversation que nous avions eue le 14 mai 2013, bien après sa visite chez l'avocat.

Marie-Josée et Allison savaient que Francisco avait des maîtresses, elles étaient au courant d'une maîtresse en Espagne, il était d'ailleurs allé quatre ou cinq jours en Espagne pour la voir, et d'une maîtresse à la caserne Mangin à Perpignan sur le lieu de travail de Francisco.

Le 6 juillet 2013 vers 19 h 10, j'ai appelé Marie-Josée chez elle pour l'inviter à venir avec nous en Espagne. En effet, elle m'avait toujours dit que si nous allions en Espagne, elle voudrait bien venir avec nous. Or, ce jour-là, j'ai trouvé qu'elle avait un peu de mal à parler au combiné. Après avoir décliné l'invitation de venir avec nous en Espagne, elle a coupé court à toute discussion. D'ailleurs ce jour-là, j'ai eu du mal à la joindre. Dans sa conversation, ou son peu de conversation, elle n'était pas comme d'habitude, à savoir assez volubile.

En ce qui concerne Allison le concours Miss Roussillon faisait partie d'un but immédiat. Elle y tenait beaucoup. Quant à Marie-Josée, elle m'avait proposé de les accompagner à ce concours. Marie-Josée se faisait une joie d'amener Allison à ce concours de beauté.

En ce qui concerne maintenant cette disparition, je ne comprends pas. Marie-Josée lorsqu'elle partait de Perpignan me disait toujours où elle allait, sa destination, donnait de ses nouvelles lorsqu'elle était sur place, soit chez ses filles, soit à Toulouse à l'occasion des stages de coiffure d'Allison.

Un peu avant d'aller chez l'avocat, Marie-Josée avait réceptionné dans son courrier une facture EDF au nom de Benitez Francisco et concernant l'ouverture d'un compteur à Saint-Jean-Laseille (66). Marie-Josée m'avait dit qu'elle avait été à Saint-Jean-Laseille à l'adresse du compteur EDF. Elle ne m'en a pas donné le résultat.

— Quelles étaient les relations qu'entretenait Francisco avec sa fille Allison ?

Je ne peux vous le dire. Je ne voyais pas trop Francisco. Lorsqu'il voulait lui donner un conseil ou un ordre, Allison lui répondait qu'il ferait mieux de s'occuper de ses maîtresses.

Trois jours avant son suicide, j'ai parlé à Francisco au téléphone. C'était en début d'après-midi. Il a coupé court à la conversation car la police arrivait chez lui. Il m'a dit qu'il me rappellerait mais il n'en a rien fait.

Marie-Josée avait caché à Francisco qu'elle touchait encore le chômage et qu'elle mettait petit à petit un peu d'argent de côté. Elle lui faisait croire qu'elle n'avait plus rien au niveau argent. C'était donc lui qui payait tout à la maison.

Lecture faite par elle-même, la déclarante persiste et signe le présent avec nous, le 18 août à 18 heures.

19.

Mercredi 21 août 2013, fin de journée, Ceuta

Nathalie me tient informée presque heure par heure.

« C'est un vrai patio andalou, pas moyen d'échapper au regard de l'autre. C'est aussi un berceau de légionnaires, je pense qu'on pourrait trouver des éléments de compréhension pour en finir avec le passé trouble de Beni. »

Elle lui a trouvé un surnom affectueux.

À la lecture de ses mails, je sens monter l'adrénaline. Dans cette enclave espagnole située juste en face de la péninsule Ibérique et de Gibraltar, j'imagine un reportage, dans l'ambiance exotique d'une contrée lointaine.

Nathalie n'est pas seule sur cette piste. Elle vient de tomber sur l'article d'un journal local, intitulé « Le mystérieux légionnaire espagnol qui inquiète la France [1] ». La chasse au scoop est lancée avec un appel à témoignages.

La cadence s'accélère et Nathalie est bientôt aspirée à son tour par « mon » histoire.

---

1. Édition d'Algésiras du quotidien *Europa Sur*, en date du 11 août 2013.

« Je ne te raconte pas ma chère Pauline les nombreuses péripéties de ma journée à Ceuta, les 40 degrés, les gens qui n'habitent pas où ils sont censés, la confusion des Benitez (qui sont décidément très nombreux ici : Ceuta est petit mais il y a quand même 75 000 habitants), bref, je passe directement au résumé de l'arbre généalogique qui maintenant, au moins, est clair.

« Ici, tout le monde connaît les Benitez. Même s'ils ne font pas tous partie de la même famille, ils sont très nombreux dans cette petite ville espagnole, de 19 kilomètres carrés, située à la frontière du Maroc, non loin de Tétouan.

« Pourtant, personne ne se souvient de Francisco et très peu sont ceux aussi qui gardent un souvenir de son père, Juanito, un aide-soignant, qui vivait sur les hauteurs de la ville, dans le quartier de Hadù et qui était marié à Pilar Pulido Capel, une femme originaire de Melilla dont la grand-mère était brésilienne (comme Simone, la maîtresse disparue en 2004). Juanito et Pilar se sont mariés à Tétouan. Il était très fréquent, à l'époque, que les habitants de Ceuta aillent travailler là-bas.

« En revanche, le personnage de la famille c'était Antonio, le grand-père, surnommé “Benitez le méchant”. Ancien sergent, il appartenait au Centre des enfants de Ceuta, plus communément connu comme le “Casino”, un cercle très élitiste où se réunissaient les membres de la bonne société de la ville et où il passait la plupart de son temps, au grand dam des serveurs qui l'avait surnommé “le poison” parce qu'ils subissaient tant bien que mal son caractère bien trempé.

« Benitez le méchant avait beau appartenir à la classe élevée de la ville, il n'échappait pas pour autant à sa mauvaise réputation forgée à coups de mensonges, bagarres et magouilles (comme anecdote, il aurait vendu un étui sans l'appareil photo à l'intérieur, ne payait pas ses dettes, se vantait d'avoir une maison dans son village natal de Ronda à Málaga, mais il ne s'agissait que d'un bout de terrain sans construction). Sa position sociale serait due à un coup de chance. Il aurait gagné, dit-on, à deux reprises le gros lot et en bon flambeur qu'il était, il aurait gaspillé toute sa fortune à Madrid pour revenir, bredouille, de nouveau à Ceuta. On souligne aussi sa coquetterie extrême qui l'obligeait à se teindre continuellement les cheveux.

« Bref, Francisco Benitez, né à Algésiras le 13 décembre 1963, a passé une partie de son enfance à Ceuta. Ses camarades de classe de l'école privée de San Agustín, une institution religieuse où n'étaient inscrits que les enfants des bonnes familles locales, ont du mal à se remémorer son passage dans cette institution. Resté trop peu de temps parmi eux, ils en conservent juste un vague souvenir, une simple photo de classe en noir et blanc.

« De son vivant, Francisco n'évoquait pas sa vie passée en Espagne. Il disait tantôt être de Madrid, tantôt de Séville, se faisait appeler Paco par certains, Kiko par d'autres, brouillait les pistes tour à tour sans raison précise. Le fait est qu'il n'avait pas de casier judiciaire en Espagne et donc aucun délit grave avant de s'engager dans la Légion. Il n'a pas non plus changé d'identité, possibilité qu'offre la Légion étrangère. Il s'appelait bel et bien Francisco Benitez ou plus exactement Francisco Javier Benitez Pulido.

« Apparemment, les parents ne seraient pas décédés et vivent à l'heure actuelle à Séville. »

Le lendemain, Nathalie n'a pas dormi. Elle s'est remise à fumer et à avaler des litres de café. Elle m'écrit encore.

« Bon, ben je crois que les parents habitent à Séville... Je viens d'appeler, résumé de la conversation, d'après le timbre de sa voix, je dirais que c'était une vieille dame au téléphone :

— Bonjour, est-ce que je peux parler à Juan Benitez Marin, s'il vous plaît ?

— De la part de qui ?

— Nathalie, *Paris Match*.

— Non, non, ce n'est pas ici (elle ne me laisse même pas lui demander quoi que ce soit).

— Il se peut que je me trompe mais est-ce que vous pourriez me dire si vous êtes de la famille d'un certain Francisco Benitez ?

— Non, non, non, vous vous trompez, non, ce n'est pas ici...

Il y a une véritable omerta dans cette famille. À mon avis ils ne sont pas spécialement affectés par la mort de Francisco mais plutôt par la répercussion sociale que ça pourrait avoir sur eux. C'est toujours comme ça chez les Benitez... Ils renient tous leur parenté... »

20.

Lundi 26 août 2013, 9 heures, Paris

« Dans l'affaire des disparues de Perpignan, la police judiciaire chargée de l'enquête a fait une nouvelle découverte importante, avec les passeports d'Allison et de sa mère retrouvés au domicile familial. »

RTL ouvre le bal, en pleine matinale.

Un dernier fantasme s'envole. Les disparues n'ont pas fui à l'étranger pour commencer une nouvelle vie. La piste criminelle se confirme et une question s'impose : pourquoi ne pas avoir arrêté Benitez avant qu'il se suicide ? Le substitut du procureur de Perpignan, Achille Kiriakides, monte au front et balbutie une faible défense en conférence de presse.

— Il n'y avait pas assez d'éléments concordants.

L'information va vite. Le moindre événement se publie en direct et Internet rafle tout. Les chaînes veulent montrer qu'elles suivent l'affaire. L'enquête fuite de tous les côtés et principalement dans les rédactions parisiennes. À Perpignan, les enquêteurs enragent, la juge est à deux doigts de leur retirer sa confiance après plusieurs manquements au secret de l'instruction.

Je poursuis mon plan média. Ce matin, j'accueille les équipes de *7 à 8* à la rédaction de *Match*. Dorénavant, je suis rodée, à cette heure il n'y aura personne. Le cameraman insiste pour filmer l'échange de textos avec Benitez sur mon téléphone ; je sélectionne et montre uniquement ses messages à lui. Je cache mes injonctions comme on protège son intimité. La journaliste m'interroge sur ma compassion à l'égard de Benitez. J'ai l'impression qu'elle a percé mon « secret » et qu'elle sait que je suis une simple stagiaire propulsée dans un dossier trop lourd. Une heure passe, je raccompagne mes « invités » et me dépêche d'imprimer les dernières dépêches *AFP* sur le sujet.

Je demande à repartir pour Perpignan. J'ai du mal à avancer à distance, je veux me confronter au terrain. J'ai l'intuition que raconter la maîtresse de 2004 et retrouver la dernière conquête espagnole me permettraient de mieux saisir le système Benitez.

La réponse est catégorique. « Pas encore, si on revient il faut quelque chose de fort. » Ce n'est pas le bon moment pour proposer des idées de sujet. On est lundi, les chefs ont la tête dans le bouclage du numéro en cours, pas encore sur le prochain magazine.

Je ronge mon frein et file chez RTL. L'émission *L'Heure du crime*, qui égraine chaque jour des faits divers, m'a invitée pour une édition spéciale consacrée à Benitez.

Je me présente au 22, rue Bayard, l'adresse historique de la radio. La réception en marbre et canapés en cuir rouge me paraît assez froide. Je patiente face à la galerie de photos des *Grosses têtes*, Philippe Bouvard, le présentateur vedette de l'émission, au premier plan. Un stagiaire vient me chercher. Je le suis dans un dédale de couloirs, puis il m'installe en studio et me laisse là. Je me retrouve seule, dans un silence total, isolée du monde. On croirait un parloir. Jacques Pradel, l'animateur de l'émission, arrive enfin avec ses fiches et son café. Il s'installe devant un micro et plaisante avec un technicien en régie.

Pradel, c'est l'institution dans le fait divers depuis son émission *Témoin numéro 1*. Il est l'illusionniste télévisuel, le présentateur de *Perdu de vue* et le spécialiste des disparus. Conteur hors pair, il est parfois décrié pour son sensationnalisme.

Ma famille va s'arrêter de vivre et de respirer de 14 à 15 heures. Ils diront forcément que j'étais formidable, mais le temps de l'émission, chacun écoutera dans son coin, aussi nerveux que s'il passait lui-même l'examen.

Je préviens mon hôte : je suis novice, je n'ai rien préparé et j'ai le sentiment d'être une trapéziste sans filet.

Ce vieux loup du « fait div » ne laisse pas la place au trac et enfonce ses écouteurs noirs sur la tête. Sa bienveillance et la chaleur de sa voix me rassurent.

Jingle.

« Cette affaire est exceptionnelle, c'est le fait divers de l'été 2013 », lance-t-il en préambule. Rappel du numéro vert et présentation de Georges Brenier, journaliste du service police-justice de la radio, qui vient de s'asseoir à mes côtés.

Ils reprennent tous les deux les faits, avec une âpre précision. *L'Heure du crime* est une machine à histoires, qui fonctionne sur « l'effet vérité ». Adepte du suspense et des rebondissements, le présentateur appuie sur des détails lugubres. Puis, il s'adresse à moi :

— Comment l'avez-vous trouvé ?

Je m'attendais à cette question. Une énième fois je raconte les larmes dans la voiture, l'intensité d'une détresse qui a pu m'émouvoir.

— Quel père était-il ?

— D'après les témoignages que j'ai recueillis, il était attentionné, toujours présent.

— M. Tout-le-monde ?

Il me fait décrire Benitez en homme ordinaire soupçonné d'avoir accompli l'extraordinaire : tuer femme et enfant. C'est ce point de bascule qui intéresse l'Audimat, l'idée que ça peut arriver au coin de la rue.

D'après Pradel, le standard s'agite et les commentaires affluent. Dans son casque, la régie lui transmet les questions des auditeurs sur le foulard noir qui recouvrait le visage de Benitez, le mythe du légionnaire, ou encore la disparue de 2004.

Je me dis que cette émission ressemble à un spectacle, habilement mis en scène. La radio a ce pouvoir, celui de sentir son audience réagir et palpiter en direct.

Au milieu du récit, je sens encore la régie frémir. La productrice de l'émission s'adresse au présentateur et lui donne de mystérieuses instructions dans ses écouteurs.

Pradel, adepte des retournements de situation, prend les devants et entretient le suspense.

— Nouvel éventuel rebondissement de l'affaire de la double disparition de Perpignan, on vous en dira plus dans quelques instants.

L'interlude musical, avec *Faith* de George Michael, me semble interminable. Enfin l'animateur reprend la parole :

— Une info vient d'être diffusée par France 3. Les ADN des disparues de Perpignan auraient été retrouvés dans un congélateur, un congélateur du domicile de Benitez, qu'il aurait soigneusement nettoyé, est-ce qu'on en sait plus ?

Je l'écoute attentivement, j'espère qu'il ne va pas m'interroger. Incapable de trouver une repartie en direct, je détourne la tête et dégaine mon téléphone. J'ai souvent vu les chroniqueurs le faire à la télé. C'est ridicule, il est éteint pour éviter les interférences.

Reprise de Pradel :

— C'est un congélateur qui aurait été récuré, et nos confrères parlent aussi d'un tapis qui aurait été lavé avec beaucoup de soin pour enlever la moindre trace de sang.

D'un ton définitif, il lit ces trois premières lignes de la dépêche qui vient de tomber.

Fin de l'émission. Pradel passe l'antenne à Flavie Flament qui consacre la prochaine heure aux histoires de famille.

C'est bon, c'est terminé.

— Vous allez repartir ? me demande Pradel en tassant ses fiches.

— J'espère bien.

Avec le sang dans le congélateur et un tapis souillé, une nouvelle vague médiatique déferle, encore plus haute. Si tout cela est vrai, je me demande s'il s'agit de l'épilogue policier.

Je sors dans la rue et rallume mon portable. Sous l'effet des petites bombes de la journée, la rédaction revient sur sa décision : le soir même, je dors au Mercure de Perpignan.

21.

Mercredi 7 août 2013, 15 h 31,
antenne de police judiciaire de Perpignan

Je me nomme Sébastien C., Je suis caporal-chef au PILE de Perpignan. Je veux vous préciser un détail qui m'a échappé lors de mes auditions précédentes. Lorsque j'ai repris mon service le 16 juillet, et dans la période allant jusqu'au 19 juillet inclus, l'adjudant-chef Benitez m'avait fait part comme je vous l'ai déclaré ce matin d'un problème qu'il avait eu avec son congélateur et la perte de la viande contenue dans celui-ci. Ce que j'ai complètement oublié et que je tiens à porter à votre connaissance c'est que dans cette même période, il m'a demandé de l'aider à ramener au service un congélateur. Ce dont je suis sûr c'est qu'il ne m'a pas précisé si c'était celui avec lequel il avait eu le problème.

Il m'avait dit alors de prendre le Peugeot Partner du service pour me rendre chez le sergent-chef Boris S. prendre son Renault Express.

Arrivé chez le sergent-chef, je lui ai fait part de ma surprise de venir chez lui chercher son Renault Express alors que la Peugeot Partner est plus grande. Lui aussi était étonné mais il m'a prêté son véhicule comme convenu avec l'adjudant-chef Benitez.

Je suis revenu sur Perpignan et me suis rendu directement à son domicile où il m'attendait.

Il a ouvert le garage et alors que je reculais, il m'a dit d'avancer pour sortir un véhicule qui était dans le garage. Je crois que c'était la Peugeot 207 du service mais je n'en suis pas certain. Il s'est stationné plus loin et j'ai pu reprendre ma manœuvre et entrer dans le garage.

Le congélateur de type coffre se situait à environ 5, 6 mètres de l'entrée contre le mur perpendiculaire et à droite de l'entrée. Il y avait un espace entre cet appareil et le fond du garage. Il me semble que cet espace correspond à un escalier si mes souvenirs sont bons.

Nous avons pris le congélateur qui était branché mais vide. Je me souviens du bruit du moteur. Le congélateur était maintenu fermé par une corde.

Je vous précise que j'ai été surpris car il m'avait dit que la décongélation inondait le garage, mais tout était sec. Nous avons chargé l'appareil dans le véhicule puis j'ai repris le volant et je suis rentré à la caserne. Je vous précise que l'adjudant-chef Benitez est rentré à la caserne avec un véhicule mais il n'a pas pris le même chemin que moi.

Nous avons ensuite déchargé le congélateur et l'avons placé dans la salle de repos du bureau d'information. L'adjudant-chef nous avait parlé depuis assez longtemps qu'il voulait nous céder un congélateur car nous n'avions qu'un frigo.

Un détail me revient : l'adjudant-chef était arrivé avant moi à la caserne et m'attendait avec un sac de courses. En plaisantant, je lui ai demandé s'il allait faire ses courses et il m'a répondu « Non, je vais le jeter à la poubelle. » Je vous confirme qu'il y avait quelque chose mais je ne sais pas quoi dans ce sac.

Je vous précise qu'avant de le rentrer dans la salle de repos il m'a proposé de me le vendre pour 70 euros. J'ai décliné l'offre car j'en ai déjà un.

Je vous précise aussi que l'adjudant-chef m'avait proposé avant et après le 14 juillet de stocker de la viande car je voulais en acheter une quantité assez importante en vue du baptême de mon fils. Cela ne s'est pas fait.

Le lendemain matin du déménagement du congélateur, je suis reparti chez le sergent-chef Boris S. pour lui rendre son véhicule et reprendre celui du service.

L'adjudant-chef ne m'a jamais dit la raison pour laquelle il avait utilisé le Renault Express et non le Peugeot Partner du service.

Le vendredi 2 août, j'ai retrouvé la corde dont il s'était servi pour tenir le congélateur fermé, jetée dans une poubelle située dans un local du bâtiment à l'intérieur de la caserne. J'ai pensé qu'il n'en voulait plus et je l'ai mise dans ma voiture. L'adjudant-chef Benitez est venu plus tard en me demandant si je n'avais pas trouvé cette corde. Je lui ai dit alors que je l'avais mise dans mon véhicule car elle m'intéressait pour arrimer le bois que je transporte pour la maison. Il m'a alors proposé un rouleau de 100 mètres avec des mousquetons car il voulait récupérer la corde pour attacher ses chiens, du moins c'est ce qu'il m'avait dit. C'est cette corde qui se trouvait derrière la porte du bureau de l'adjudant-chef lors de la perquisition par la police.

Jeudi 1er août ou vendredi 2 août, l'adjudant-chef Benitez m'a demandé si je pouvais l'aider à déménager son appartement dans la semaine du 5 au 9 août.

Vendredi 2, j'étais de service et il se trouvait dans la salle d'attente. J'avais terminé de remplir tous les registres et nettoyer tout le poste quand il m'a dit de me mettre en tenue civile, de prendre le Peugeot Partner du service et de passer devant chez lui pour voir s'il y avait des journalistes ou des gens qui l'attendaient car il voulait aller récupérer ses chiens. J'ai alors mis un tee-shirt civil, pris le véhicule et je me suis rendu à son domicile. Je l'ai appelé de là-bas pour lui dire qu'il n'y avait personne. Je suis ensuite rentré à la caserne et il m'a alors dit « J'ai oublié que c'était vendredi avec tout ce qui se passe, tu peux rentrer chez toi. »

Ce sont les dernières paroles que nous avons échangées avant son décès.

— Avez-vous constaté si le tapis marron se trouvant dans la salle d'attente du bureau d'information a disparu pendant quelques jours ?

Non, quand j'ai pris la relève du caporal-chef Cyril S., le tapis était à sa place. J'en suis sûr car j'avais donné des corvées à faire à des candidats et j'avais dû leur fixer des limites, le tapis était à sa place.

Je ne vois rien d'autre à ajouter.

Lecture faite par lui-même, le caporal-chef Sébastien C. persiste et signe avec nous le présent, ce jour à 17 heures.

22.

Jeudi 29 août 2013, début du jour,
sur la route de Barcelone

« Il faut toquer à la porte de Magdalena. Elle a l'air de parler français, tu peux y aller toi ! » m'écrit Nathalie.

Nous avons recoupé toutes nos informations et fouillé les registres publics. Une adresse nous semble cohérente, un village proche de Barcelone [1], également cité sur la page Facebook de Magdalena, à seulement deux heures de Perpignan. Je vais tenter ma chance, quitte à me casser les dents.

Je pars assez tôt et prends l'autoroute, la fameuse AP7, qui relie la France à l'Espagne. J'ai décroché mon permis il y a moins de quatre mois et roule en sous-régime permanent. Les camions qui traversent l'Europe à pleine balle me doublent sans arrêt. Je ne regarde pas vraiment les paysages, accrochée à mon volant, au plus proche du pare-brise. Hyperconcentrée sur ma mission, je ne prête pas attention aux hangars monstrueux de la Jonquera, l'étape obligée des routiers pour les clopes et les filles.

---

1. Par souci de confidentialité, l'adresse exacte a été retirée (N.d.A.).

Je suis le GPS et arrive dans une ville sidérurgique, après un lacis d'autoroutes. C'est la grande banlieue de Barcelone, avec son architecture bon marché et pas très heureuse. Pour ne rien arranger, les nuages sont si bas qu'ils plombent l'horizon. Il y a une station-service, puis tout de suite, à gauche, cette rue étroite et descendante. Je fais un passage, comme un premier repérage. Des rideaux en crochet occultent les intérieurs des appartements. Arrivée devant le bon numéro, je ralentis et repars. J'ai l'impression de filer tout droit vers un piège. Je m'apprête à faire un demi-tour mais finalement la route fait une boucle. Je passe à une centaine de mètres en contrebas de la maison de cette supposée maîtresse. Je ralentis encore. J'entrevois un jardin mitoyen en rectangle, entre des piscines hors-sol et des cordes à linge. Selon toute vraisemblance, il n'y a personne.

Je ne me laisse pas paralyser par mes peurs. Je me dis qu'il faut y aller, j'y retourne. Les maisons des deux côtés de la route se rapprochent, l'ambiance moite et oppressante fait régner un calme inquiétant. Je me gare en collant la voiture au mur d'un petit immeuble pour laisser le passage. L'air sent le chaud.

Je pourrais tomber sur le mari. Pire, sur ses enfants et alors là, il faudrait encore improviser. Mieux vaut foncer sans réfléchir, sinon je vais flancher. J'en ai déjà parlé avec Flore, de *Match*. Elle m'a parlé de cette angoisse avant de se présenter auprès des proches des victimes. De ce moment dans la voiture où il n'y a plus d'autre échappatoire. Il faut y aller et affronter le drame et la tristesse. C'est ce qu'il y a de plus dur à faire dans ce métier. Maintenant que je suis sur le terrain, je comprends que l'école ne pouvait pas m'apprendre à franchir le pas d'une maison. Il n'y a pas de méthode. Flore m'a parlé de douceur et de sincérité, j'applique au mieux ses conseils.

Je me décide et frappe à la porte, mes coups résonnent dans le vide.

Je me rassois dans la voiture et j'attends. Je ne rallume pas le moteur pour ne pas déranger la quiétude de la rue, ni me faire repérer. J'attends dans la fournaise de la voiture. Je ne sais pas combien de temps, c'est long. Chaque fois qu'une voiture se faufile dans la rue, je fixe intensément le rétroviseur jusqu'à ce que le véhicule me dépasse. Toujours pas de mari énervé à l'horizon.

À l'heure du déjeuner, je vais me chercher un paquet de gâteaux et une bouteille d'eau à la station-service. Je me remets le plus vite possible en faction. Parfois, je m'accorde un peu de fraîcheur en mettant cinq minutes de clim.

Magdalena va arriver.

Tapie sur mon siège, je ne peux pas dire que je m'ennuie vraiment. Dans cette attente anxieuse, j'imagine l'interview rêvée. Je me prépare des antisèches en espagnol à l'aide de Google Translate pour le cas où son français serait limité. « Pourrions-nous parler de votre relation avec Francisco Benitez ? Saviez-vous qu'il avait une femme et des enfants ? Quel genre d'homme était-il avec les femmes ? Quelles étaient les questions des enquêteurs ? » Je veux croire que je ne suis pas à l'abri d'un succès et que ma ténacité va payer. Elle va comprendre ma démarche.

Nathalie m'encourage : « Les journalistes espagnols y vont sans scrupule, ouvrent les portes à force de flashs et de caméras et le pire là-dedans, c'est que tout le monde parle. Les faits divers déchaînent des passions à la limite de l'hystérie collective. »

Enfin, je vois un être vivant. Une vieille femme qui surgit de je ne sais où. Je l'aborde.

— Toi, tu viens pour Paco.

Je suis prise de court. Elle connaît donc Benitez, je suis au bon endroit, mais je ne réagis pas assez vite. Elle n'en dit pas plus et se calfeutre dans son appartement. Tout de même, je me dis que c'est étrange de présenter son amant à ses voisins.

Je reprends mon poste de guet. Quelqu'un d'autre va bien finir par rentrer chez lui. Pour l'heure, la rue est déserte. Pourtant, tout le village ne peut pas faire la sieste, ni être parti en vacances ! Peut-être que tous les habitants d'ici travaillent à Barcelone et ne rentrent que le soir pour dormir ?

À l'étage d'une maison voisine, un homme passe la tête hors de chez lui. Regard en biais, on s'observe pendant trop longtemps. Ma plaque française ne doit pas aider. Je sais qu'il ne faut pas juger sur les apparences, mais lui, il a vraiment une gueule patibulaire. Le genre de type avec qui on n'a pas forcément envie d'engager la conversation.

Je ne réagis pas et il finit par regagner la pénombre de son appartement. Et s'il était en train d'appeler Magdalena pour l'avertir de ma présence ? Il va mettre tout mon plan en péril. Je suis foutue. Voilà, c'est certain, elle est prévenue, elle ne rentrera pas chez elle ce soir. Ma présence ici ne sert plus à rien.

À quel moment dois-je prévenir la rédaction de mes craintes ? Un mauvais regard ne doit pas être suffisant pour alerter. Les chefs savent où je suis. Je ne les appelle pas, je renonce. Je ne le sens plus, mais je décide de laisser une trace de mon passage. Flore m'a aussi parlé de cette méthode de la lettre, comme une façon différente de toucher les gens, qui permet de ne pas être intrusive tout en évitant de se prendre une réaction trop agressive en direct. Elle m'a dit que ça avait souvent marché pour elle, que les gens appréciaient de ne pas être « pris au collet », *a fortiori* dans un moment de détresse. J'arrache une feuille de mon carnet et griffonne à la hâte un mot en espagnol : « Je travaille pour un magazine français, je cherche à contacter Magdalena. Il faut que je vous parle, c'est urgent. »

Je glisse la feuille dans la boîte aux lettres. Je remets le moteur et je m'en vais. À l'avenir il va falloir être plus habile pour approcher Magdalena.

23.

Jeudi 29 août 2013, dans la soirée, Perpignan

Le journal a senti qu'il me fallait de l'aide. Le renfort envoyé par *Match* porte une épaisse monture de lunettes en écaille Ray-Ban et un carré noir géométrique. Marie m'attend dans le lobby d'un hôtel quatre étoiles. Volubile sans exubérance, élégante et hyperactive, elle connaît le tout-Paris, fait salon au Flore avec des avocats, des politiques, des artistes. Dès le premier regard, elle perce les gens, avec sa verve enjouée elle dériderait les pires portes de prison. Avec elle, je me sens armée.

Elle a ce « truc » des journalistes de *Match*, qui tient à une envie jamais entamée de raconter les histoires. Je doute que tout soit vrai, mais à force de détails elle finit toujours par me convaincre. Surtout, j'ai envie de la croire. Elle fuse d'un sujet à l'autre, le roi du Maroc, Monica Bellucci, Zinédine Zidane, en passant par l'affaire Godard [1] et la décharge de chevrotine qu'elle a failli prendre. Les risques du métier, selon elle. Elle le rappelle, régulièrement.

1. Yves Godard, médecin breton, disparaît en 1999 en mer avec sa femme et ses enfants. Cette affaire reste encore aujourd'hui très mystérieuse.

En bonne reporter de *Match* qui se respecte, elle revoit nos conditions de travail. Les soirées peuvent être longues dans les villes inconnues, alors adieu le Mercure standardisé et bonjour la Villa Duflot, la distinction de ses étoiles et le chic de ses murs terracotta. L'hôtel est situé en bordure d'une zone commerciale mais des pins camouflent les parkings et enseignes multicolores. Les chambres sont spacieuses et agréables, le restaurant propose des plats gastronomiques.

— Un minimum pour travailler correctement.

À peine arrivée, Marie séduit le personnel. Jérôme, de la réception, nous baptise les « dames de *Paris Match* » et toutes les équipes suivent, Éric, le directeur, jusqu'à Lynette, la femme de chambre.

Seule, je rasais les murs. Marie, plus frontale, raconte à qui veut l'entendre notre reportage. Y compris l'ultime rencontre dans la voiture de Benitez, garée dans une petite ruelle, seule avec le suspect.

— Il ne faut rien sous-estimer. On ne sait jamais, n'importe qui peut faire ressortir une piste.

Son allant emporte toutes mes craintes. Entre deux commandes auprès du *room service*, elle se met à jour sur notre affaire et s'enquiert de l'étape d'après. De loin, Paris suggère, oriente, dirige :

« À Perpignan, ne lâche pas les légionnaires, les assos d'anciens légionnaires… Et ça vaudra le coup à mon avis d'essayer de faire les bars à hôtesses. Biz à très vite au tel ou par mail », m'écrit Grégory, le chef du service actualité.

Je repense à la Jonquera, à ces usines à prostituées *low cost* avec leurs panneaux lumineux qui irradient sur l'autoroute de Barcelone. Ce n'est pas loin, la frontière espagnole est à seulement six kilomètres. Certains l'appellent

« le Tijuana français ». Je fais quelques recherches sur Internet. Le Paradise, le Lady's ou le Dallas semblent les plus connus. Le week-end, un peu avant l'été, les clients envahissent les établissements comme des bêtes assoiffées de sexe facile et bon marché. Des routiers y ont leurs habitudes, quelques hommes de la région aussi, parfois ils viennent de plus loin pour un enterrement de vie de garçon.

J'ai du mal à penser que la rédaction a envoyé un duo de femmes pour aborder des hôtesses ! Les vigiles ne nous laisseront jamais approcher. Une photo de Benitez sous le bras ne suffira pas. Porter des bas résille non plus. Je sèche.

Marie imagine la scène. Avec elle, j'ai des éclats de rire. Elle use de vieilles méthodes. Elle retourne au lobby et là, en génie de la provoc, elle interroge tous les hommes sur ces bars à filles, quand bien même ils seraient accompagnés de leurs femmes. Elle dit à qui veut l'entendre qu'il « va falloir y aller ».

— C'est un ordre de nos chefs, s'époumone-t-elle.

Elle s'acharne sur le réceptionniste un peu gêné par l'interrogatoire. Serviable, il imprime à notre intention la liste des bars de la Jonquera qu'il glisse dans une enveloppe toujours adressée « aux dames de *Paris Match* ». Un peu plus et il ne serait pas contre nous accompagner, pour nous chaperonner, évidemment. Un autre serveur me propose de contacter un de ses amis qui assure la sécurité du Dallas. J'envoie un e-mail.

« Bonjour Georges, Je me permets de vous contacter sur les conseils de Franck, de la Villa Duflot. Je souhaite me rendre au Dallas ce soir. Pourriez-vous me contacter dès que vous avez ce message ? Vous avez mes coordonnées ci-dessous. Merci d'avance. »

J'ai le sentiment de me tromper de direction. Je ne pense pas manquer d'imagination, mais je vois mal ce qu'on va faire là-bas…

24.

Vendredi 30 août 2013, 20 h 14, Séville

Nathalie poursuit ses investigations et m'écrit encore.

« Résumé de la matinée. Ça a été chaud !

Je suis allée chez les Benitez dans un quartier du centre de Séville où ils vivent depuis 30 ans (ça fait 27 ans que Beni était en France). Il a vécu ici avant son départ en France mais à mon avis, très peu de temps puisque personne ne se souvient de lui. En tout cas, il ne venait pas les étés. La boulangère qui connaît bien le père ne savait même pas qu'il avait un fils en France. Elle me dit qu'il n'en a jamais parlé. Lorsque je lui ai dit que ce fils venait de mourir, elle a été très surprise parce qu'elle me dit qu'il ne semblait absolument pas affecté, même pas un peu triste. À mon avis, les ponts étaient coupés depuis longtemps.

Tout le monde connaît Juan et on m'a indiqué un bar où il passe ses journées. Je n'ai eu aucun mal à deviner qui c'était, c'est le portrait craché de son fils, gros sourcils, tout pareil. Je me suis approchée et lorsque je me suis identifiée il m'a dit qu'il n'allait pas parler, qu'il n'avait rien à me dire, qu'il ne savait rien et m'a priée, pas très gentiment, de dégager.

J'ai traîné dans le quartier, interrogé les gens de son âge, tous connaissent la famille Benitez mais encore une fois, personne ne sait qui est Francisco. Un homme m'a quand même dit que Francisco venait de mourir d'un accident de voiture… J'ai fait une drôle de tête et il m'a dit : "Si vous êtes ici, c'est que ce n'est pas ça, qu'est-ce qu'il s'est passé ?" Je ne lui ai donné aucun détail pour ne pas me griller, mais je lui ai dit qu'il s'agissait d'un suicide et il est parti vite fait, ne voulant plus parler.

Dur… Pas grand-chose à tirer et c'est assez compliqué toute seule en territoire ennemi :-) Après déjeuner je vais aller à la Guardia Civil voir ce qu'il en est…

Biz, Nath »

25.

Samedi 31 août 2013, peu après le déjeuner, Nîmes

De type sud-américain, elle mesure un mètre soixante-quinze, de corpulence mince, les cheveux bruns longs ondulés avec des mèches blondes et les ongles longs. Le portrait de Simone de Oliveira Alves figure toujours sur le fichier des personnes recherchées.

Le dossier n'était pas complètement refermé. Mais l'information judiciaire, ouverte début 2005 pour recherche des causes de la disparition – la même qualification qu'à Perpignan – avait été close en 2007.

C'est l'histoire dans l'histoire. Une greffe qui a pris, à peine le suicide de Benitez annoncé sur les chaînes d'infos. Une autre femme a disparu, il y a neuf ans. Les policiers envisagent l'hypothèse du « crime passionnel », l'expression utilisée alors pour parler de féminicide. Sans esclandre ni traces.

Au sein du journal, la cellule Benitez prend de l'ampleur. En plus de Nathalie en Espagne et Marie à Perpignan, un pigiste s'occupe de la famille de Simone en Guyane et un autre de la communauté brésilienne à Nîmes. Malgré nos efforts, cela ne donne pas grand-chose : des notes d'ambiance sur les prostituées dans le sud de la France ; une photo du couple avec le visage de Benitez gratté au couteau par un frère énervé à Kourou ; les témoignages des sœurs de Simone qui connaissent vaguement l'histoire de Paco. Bref, on patine.

Avec tous ces effectifs sur le terrain, il faut impérativement revenir avec une photo ou un témoignage exclusif. *Match* s'impatiente. Dans le milieu des agences photo et des « faits-diversiers », la passion du journal pour cette histoire s'est répandue. Une agence a remonté la vie de Simone à Nîmes et lui a trouvé des connaissances qui possèdent encore, dix ans après sa disparition, des photos du couple Simone-Francisco. Le graal pour une double page d'ouverture ! Ces enquêteurs extérieurs contactent les rédacteurs en chef à Paris, qui me transmettent l'information et ma nouvelle mission.

— Le cliché est imprimé sur papier, il faut se déplacer pour le récupérer. Il n'y a plus qu'à faire le coursier.

Je dois récupérer les tirages et quelques éléments de légende. Le scoop est servi sur un plateau.

Marie m'accompagne. Je prends le volant et suis le GPS, direction Nîmes par l'autoroute A9, la Catalane. La voiture fait office de divan. Marie me décrypte *Match* de l'intérieur, des casseroles aux aventures extraconjugales, tout y passe. Mon esprit s'échappe. La route longe les terrains militaires, ceux où tout le monde soupçonne que Benitez a caché les corps. Influencée par ces rumeurs, je scrute le paysage. Des terres inertes dans une étendue immense. On y trouve parfois des bosquets, quelques baraquements, un centre de tir… Dans cet univers aride, aucune vie ne perturbe le silence. Les sangliers doivent être les seuls à s'aventurer et se perdre dans ce tableau sec, souvent venteux.

Je repense aux missions de Benitez, les guerres du Golfe, le Tchad ou encore le Kosovo. Des terrains sans doute autrement plus compliqués que ces terres broussailleuses en bordure d'autoroute.

Une petite voix m'en convainc, c'est le lieu parfait pour cacher des corps en toute discrétion. Je me demande si le téléphone de Benitez a « borné » par ici. Est-ce qu'il aurait pu venir la nuit, discrètement, déposer des corps, les recouvrir de ronces et de terre pour que personne ne les retrouve ? A-t-il enveloppé le corps de sa fille d'un linceul pour qu'elle n'ait pas froid la nuit ? A-t-il laissé un souvenir de lui, de son enfance ? Est-elle seule ou proche de sa mère ? Le terrain est fermé aux civils, seuls les militaires détiennent l'autorisation d'y pénétrer. Eux seuls connaissent le dédale de ces chemins de terre inhospitaliers. Aucun riverain, aucun promeneur ni explorateur ne s'y aventure. Aucune battue n'y est même envisageable. Est-ce que la police pourrait enquêter sur les terrains de l'armée ?

Même dans la brume de chaleur, la Catalane est belle. Elle longe la côte. La mer fait régulièrement irruption. Marie revient sur notre affaire et lâche le morceau :

— Tu lui ressembles. Je veux dire, la Simone, tu lui ressembles beaucoup ! Elle a la même forme de visage que toi. C'est sûr que Benitez a dû y penser en te voyant entrer dans sa voiture !

Elle en est persuadée et l'idée la séduit. Je perçois dans sa façon de m'étudier une pointe d'excitation.

Je souris. On m'a souvent trouvé un air sud-américain. J'ai les yeux en amande, les pommettes saillantes, les cheveux épais, longs. Mais je ne suis pas certaine d'apprécier cette comparaison. Sur l'avis de recherche, Simone a un drôle de profil. La photo montre un visage en gros plan, abîmé par des boutons, entouré d'une couronne de petits cheveux lui donnant un air un peu souillon.

Deux heures de trajet plus loin, entre de grandes barres d'immeubles, je me gare dans un parking en spirale. Marie joue l'effrayée devant cette rangée de bitume. Encore dans la voiture, elle tire à vue avec ses remarques acérées, puis elle planque sa montre Cartier sous le siège passager, claque la portière d'un geste vif et serre fort son Balenciaga sous le bras. Elle me fait rire avec ses airs de grande dame de Saint-Germain et ses réflexes de classe.

Un petit couple de retraités, Manuel et Francisca, nous reçoit. Des Brésiliens, la soixantaine passée, qui parlent avec un délicieux français chantant. Dans leur salon en similicuir et bibliothèque sous vitrine, je me dis qu'ils n'ont pas dû changer la décoration depuis vingt ans. Francisca, petite femme aux cheveux courts mis en plis par les rouleaux, comme le font souvent les femmes de son âge, nous raconte Simone. Elle était son amie.

Simone de Oliviera Alves naît le 3 août 1977 à Santana, dans le nord du Brésil, dans cette région reculée où les jeunes fuient la misère pour l'eldorado le plus proche : la Guyane. Les parents de Simone s'installent à Kourou où la famille s'agrandit de huit autres enfants. Encore adolescente, Simone rencontre un légionnaire de passage, Emmanuel G. Dans ce département d'outre-mer, la Légion étrangère maintient son drapeau depuis 1973. Sa présence se justifie par cette position géographique, proche de la zone caraïbe, mais aussi pour la lutte contre les orpailleurs et la protection du port spatial européen.

En janvier 1994, Simone donne naissance à Étienne. Puis le jeune foyer rejoint la métropole, d'abord en Alsace.

La mère a un second enfant, Élodie, née prématurément, la même année que son aîné. En 1995, Emmanuel est muté à Nîmes, Simone suit et accouche encore, cette fois de jumeaux, Esteban et Émilien, nés à sept mois de grossesse.

En moins de deux ans, ils sont devenus six.

Dans le Sud, la Légion les aide à trouver un logement dans une résidence qui abrite de nombreuses familles de militaires, sorte de regroupement de femmes seules qui attendent le retour de leur mari parti en opération.

Entre les gigantesques bâtiments impersonnels, le jardin d'enfants est un rendez-vous social quotidien, où les mères se retrouvent et s'épanchent. Francisca entend Simone parler portugais. Très vite, elles se trouvent des points communs. Manuel aussi est légionnaire. Elles se lient et, loin des leurs, reconstituent une famille.

— Elle avait du mal avec ses enfants, qui sont très rapprochés, m'explique la retraitée.

Je vois ce que Simone a trouvé chez Francisca. Une figure maternelle, ou une bouée de sauvetage. La jeune mère de famille désœuvrée la surnomme rapidement *tia* [1]. Elle lui confie ses enfants lorsqu'ils sont malades et mange régulièrement des petits plats qui ont le goût de là-bas. Simone se repose de plus en plus sur Francisca, d'autant qu'un jour Emmanuel la quitte sans se retourner, dans un claquement de porte. Les jumeaux n'ont pas trois ans.

Mère célibataire de quatre enfants, Simone s'en remet à la communauté brésilienne pour survivre. Elle n'est pas la seule femme dans cette situation. Elle retrouve d'autres Brésiliennes dans le local d'une association de Nîmes, une

1. « Tante » en portugais.

sorte de déversoir pour femmes abandonnées. Simone trouve dans ces repaires d'exilées en détresse de l'aide pour remonter la pente et une place d'hôtesse dans un bar de la ville.

— Je crois que c'était la Coupole, précise Manuel.

— Monsieur s'en rappelle, souligne Marie, espiègle.

Le bar interlope a disparu depuis. Je demande quelques précisions à Manuel.

— C'était un truc où il y avait plein de filles, serveuses et entraîneuses comme on dit, c'était un truc chic. Il n'y avait pas de chambres, c'était juste un bar où les filles poussaient à la consommation.

— Là-bas, les hommes buvaient et des serveuses avaient un pourcentage, tente de clôturer Francisca.

Elle veille à la mémoire de sa protégée. Le regard qu'elle nous jette est clair. Aller plus loin dans la description du lieu serait dégradant.

À Nîmes, rue Vincent-Faïta, où se situait la Coupole, se croisaient deux solitudes, celle des légionnaires et celle des tapins brésiliens. « Honneur, Fidélité », revendique l'inscription sur le mur de la caserne du 2e Régiment étranger d'infanterie (REI), à quelques encablures. Entre les murs de la Coupole, les grades et les rangs se confondaient. Le bar, c'est le passage vers le monde civil, où le militaire devient inoffensif. L'ennui, ce fléau d'après-guerre, pousse les légionnaires à dilapider leur solde. Ils paient et ils sont rois.

Benitez, trente-cinq ans, père d'une petite fille de quatre ans, ne fait pas exception. Il y passe du bon temps. Il tombe sous le charme de Simone. Elle est plus jeune que lui, quatorze ans de moins. Il est légionnaire, comme

Emmanuel. Mais les deux hommes ne semblent pas s'être connus.

Benitez s'accroche à son hôtesse. Bientôt, il la rejoint chez elle, dans la résidence des militaires. Elle avait plusieurs amants, mais avec lui c'était différent, même si leur couple surprenait.

Elle allait souvent danser au Samba, une boîte du coin. Elle aimait faire la fête. Elle appelait Benitez « Paco ». C'était un garçon très sérieux, un peu dur. Il ne parlait pas beaucoup.

Simone le voit souvent le week-end. Elle raconte à Francisca les virées à Barcelone ou à Rosas, sur la Costa Brava. La belle vie, grâce aux revenus de la jeune amante. Avec les pourboires, elle disait gagner quelque 6 000 euros par mois.

— Benitez lui a proposé d'ouvrir un compte commun à Barcelone. Elle a accepté et lui a aussi offert un 4 × 4, se rappelle Francisca.

Il me paraît bien difficile de vérifier ces informations, mais le récit de leur romance paraît crédible.

Le 31 décembre 1999, à minuit, c'est avec Simone qu'il trinque à l'an 2000. Ça se passait ici, dans ce même appartement où je me trouve. Je découvre les photos prises lors de ce réveillon. Je reconnais le mobilier, rien n'a changé. Seuls mes hôtes ont vieilli. Benitez trône au milieu de cette grande tablée, avec Manuel à sa droite, Simone à sa gauche. Au centre : plateau d'huîtres et de fruits de mer avec crabe et crevettes, pain de seigle sous cellophane et vin blanc frais. Souriant à l'objectif, Benitez semble à l'aise dans cette famille reconstituée.

— C'est une des rares photos que nous avons de lui, c'était pas son truc, explique Francisca.

D'autres images de Simone s'étalent sur la table basse. Simone entourée de ses garçons ; un autre réveillon avec Simone en robe longue noire, une coupe de champagne à la main, les cheveux lâchés.

— Il y a quelque chose dans votre visage… ça m'a surprise quand vous êtes entrée, me confie Francisca presque à voix basse, alors que Marie s'entretient avec Manuel.

— Ah, tu vois ! Francisca pense aussi que tu lui ressembles, tu as de la famille au Brésil, ce n'est pas possible ! bondit Marie.

Les trois me regardent. Mes yeux ne savent plus où se poser, je dissipe ma gêne en reprenant le fil de la conversation. Il faut arriver à la disparition.

En 2004, l'idylle vire à l'orage. Quand ils sont invités chez Francisca, la jeune femme ne peut plus bavarder tranquillement avec son amie. Paco, suspicieux, la suit dans chaque pièce.

À l'automne, Simone se confie. Rapidement et sans entrer dans le détail, elle raconte s'être disputée violemment en voiture avec Benitez. Dans un élan de colère, il l'aurait déshabillée et laissée nue sur le bord de la route. Humiliée.

Francisca, consternée, l'interroge, mais Simone ne veut pas en dire plus. Elle se ferme. Elle semble sous son emprise, incapable de rompre. Des crises de jalousie quotidiennes n'en finissent plus d'abîmer ce qui avait été une belle histoire. De son côté, Marie-Josée ne serait plus dupe. Elle aurait découvert la présence de Simone.

En novembre 2004, l'idylle brésilienne bascule. Simone dit à Luis Andres, un de ses frères, « J'ai besoin d'avoir une discussion sérieuse avec Paco ». Quelques jours plus tard, Simone est hospitalisée. Tentative de suicide ou fausse couche ? Les raisons restent floues. De sa chambre elle appelle Francisca, en quête d'un peu de réconfort.

— Elle m'a dit « Tu sais, la femme est venue et elle m'a parlé. Ils sont toujours ensemble », se rappelle-t-elle.

C'était il y a neuf ans, mais la sexagénaire s'en souvient comme si c'était la veille.

— Elle a fini la conversation, elle allait bientôt rentrer chez elle, elle m'a promis qu'elle m'appellerait à son retour.

Francisca a longtemps espéré près du téléphone.

Le 29 novembre, nouveau tumulte. D'après les témoignages des voisins de la résidence de Nîmes, Paco embarque Simone dans son 4 × 4, en la soulevant par le bras.

Et puis, plus rien. Elle a disparu. La vie a repris, sans elle.

— Je pensais surtout aux enfants, elle les aimait ses enfants, elle ne les laissait jamais seuls. Elle avait préparé le sapin et ses cadeaux de Noël.

Peut-être quatre mois après la disparition de Simone, Francisca a vu Paco qui accompagnait sa fille entre les stands des artisans locaux du marché de Saint-Gilles, au sud de Nîmes. Ils ont croisé leurs regards comme on croise le fer, mais Benitez ne lui a laissé aucune chance de l'approcher. Il s'est retourné et a fait demi-tour. Dans la foule, elle l'a perdu de vue.

— Il disait parfois « On va disparaître un de ces jours, vous n'aurez plus de nouvelles ». Je pensais à un voyage lointain...

Encore bouleversée par ce mauvais présage, Francisca condamne l'amant.

À Nîmes, la disparition d'une hôtesse brésilienne ne fait pas déplacer les médias. Début 2005, Benitez est brièvement entendu dans le cadre de l'enquête pour disparition inquiétante. Dans sa déposition, relativement lapidaire, il évoque ce 29 novembre, lorsqu'elle serait passée chez elle chercher des affaires avant de partir. Il dit avoir mis un terme à sa relation extraconjugale lors d'un dîner le 1er décembre, soit deux jours après la disparition officielle de Simone, et ne plus avoir eu de nouvelles à part un texto « je m'en vais ». Comme pour Marie-Josée et Allison.

— Ça, c'est peut-être lui qui l'a écrit, soupçonne Manuel.

Au printemps 2005, Benitez a pris la tangente. Il a accepté une mutation à Mayotte.

Francisca, elle, a continué de chercher son amie, jusqu'en Espagne, du côté de la Costa Brava, parce qu'elle en parlait souvent. Elle montrait des photos de Simone aux commerçants. Ses démarches n'ont rien donné. Aujourd'hui, l'espoir s'effiloche.

— J'ai imaginé ce qu'il avait pu lui faire. Il travaillait au plateau d'Albion, elle me racontait que là-bas il y avait beaucoup de ravins, j'ai pensé qu'il l'avait emmenée et qu'il l'avait jetée pour qu'on ne la trouve plus.

Elle expose sa piste, convaincue qu'il faut mobiliser les enquêteurs dans ce coin. Elle le leur a dit. Par notre biais, elle veut porter son message.

Francisca a la voix traînante. Parler de Simone lui a fait du bien. L'entretien se termine, elle a tout dit. Entre ses mains épaisses, elle fait glisser une coupure de presse qu'elle a conservée : « Il faut la retrouver même si c'est un corps [1] », titre *Le Parisien*, citant une des sœurs de Simone. Presque dix ans après, sa famille restée au Brésil et ses enfants ne s'autorisent plus à pleurer, ni à se bercer d'illusions. Ils ont pris conscience qu'elle ne reviendrait plus jamais. Le rapprochement entre l'affaire de Perpignan et celle de Nîmes est venu s'ajouter comme du sel sur la plaie. Un mal nécessaire, puisqu'il a permis l'ouverture d'une nouvelle enquête du parquet pour enlèvement et séquestration.

1. Article du *Parisien* en date du 9 août 2013, écrit par Timothée Boutry.

26.

Lundi 5 août 2013, peu après 20 heures, Narbonne

« Oui, c'était le copain de maman. » Les enfants sont formels, ils reconnaissent Paco, le dernier amant de leur mère. Il n'y a pas d'erreur possible. Ils ont tous reçu le même message de leur père, Emmanuel. Il leur a envoyé cette photo d'un homme, cheveux bruns coupés en brosse, les yeux baissés et l'air abattu. Cette image, il l'a trouvée dans les journaux, elle fait la une, partout.

Emmanuel a appelé par instinct le commissariat le plus proche de chez lui, à Narbonne. Ce Benitez, c'est l'homme qui vivait avec son ex-femme, il en est persuadé ; ses enfants l'ont confirmé. Benitez a été le dernier à voir Simone vivante, et selon la presse il est aussi le dernier à avoir vu Allison et Marie-Josée avant leur disparition. Le parallèle est suffisamment troublant pour alerter. L'appel a été transféré au SRPJ de Montpellier.

Étienne, Élodie, Esteban et Émilien sont aussitôt convoqués. Jusque-là, ils n'ont jamais vraiment parlé de cet homme, même à leur père. À l'époque, au moment où Simone a disparu, l'aîné avait dix ans, assez âgé cependant pour se souvenir de quelques scènes précises et se forger une croyance forte, celle d'un abandon, lâche et incompréhensible, de leur mère. Ils se pensaient condamnés à garder en eux cette rancœur, mais à présent, ils essaient de rétablir un peu de cohérence. Ils rapportent des réminiscences d'il y a neuf ans. Ce que leur mémoire a bien voulu conserver.

En 2013, ce sont de jeunes adultes, entre dix-sept et dix-neuf ans. À les entendre, Simone est simplement partie. Il y a quelque chose de détaché dans leurs récits, comme s'ils avaient été empêchés de prendre toute la mesure de la situation. Les policiers, eux, s'autorisent des questions plus frontales, et à force d'interrogatoires, les souvenirs des uns viennent compléter ceux des autres.

Fin des années 1990, Emmanuel quitte Simone. Personne ne date vraiment la rupture, mais les enfants sont encore très jeunes et n'ont aucun souvenir de leurs parents en couple. Peu de temps après cette séparation, Simone rencontre Benitez, qui fait irruption dans une famille en manque de figure paternelle.

Il vient souvent à la maison, même s'il n'y reste pas dormir tous les soirs. Il lui arrive d'embarquer Simone et Élodie dans son 4 × 4 pour un rapide passage à la caserne. Jamais il ne donne l'impression de cacher son histoire d'amour avec sa Brésilienne. L'été, Paco fait plaisir aux enfants et les entraîne à la rivière où ils passent la journée au bord de l'eau, comme une famille normale. Il sait y faire, les petits l'adoptent. Il s'en occupe comme s'ils étaient les siens. Il lui arrive même d'acheter des cadeaux.

Plus étonnant, Élodie se souvient d'être allée plusieurs fois au parc avec Allison. Les fillettes jouaient ensemble, elles avaient à peu près le même âge. Non, jamais avec Marie-Josée ; Paco arrivait et repartait seul avec sa fille.

Simone était amoureuse, elle avait envie de faire sa vie avec lui. Ça se voyait. Quant à Paco, c'est plus difficile à dire. Il aimait Simone, oui, mais jusqu'à quel point ?

Le mois de novembre 2004 est resté gravé dans la mémoire des enfants. Ils se sont souvent repassé le film des disputes du couple pour tenter de raviver des détails.

Selon Étienne, environ quinze jours avant la disparition de sa mère, un incident s'est produit. À Nîmes, dans la résidence où la famille habitait, Paco garait régulièrement son 4 × 4 dans le parking privé. L'accès aux places réservées était parfois obstrué par le véhicule du voisin. Paco s'en était plaint, à plusieurs reprises. Un jour de colère, il était tellement énervé qu'il était rentré dans la voiture du voisin. La situation s'était envenimée et tout le monde s'était retrouvé au commissariat. Simone avait suivi Paco. Mais quelques heures plus tard, elle était rentrée seule, totalement abattue. Elle s'était alors confiée à ses enfants, en larmes : « Paco mène une double vie, il nous a menti. »

Le 29 novembre, dans la soirée, Paco avait sonné à l'appartement, mais Simone avait refusé de lui ouvrir. Émilien revoit sa mère prête à appeler la femme de Paco pour tout lui révéler. Benitez était à la maison et il essayait d'éloigner Simone du téléphone dans un corps-à-corps de plus en plus violent. Simone tenait le combiné à la main, il s'agissait d'un téléphone fixe, avec un fil raccordé au socle. Les enfants entendaient des cris dans l'appartement et faisaient semblant de se concentrer sur leur programme télé. Pendant les tempêtes, ils avaient appris à se faire discrets. Mais tout de même, ils y vont fort ce soir-là. Simone était enragée, elle voulait le frapper et lui faire mal. Aussi mal que la douleur qu'elle éprouvait au cœur, celle infligée par les mensonges de Paco. Elle avait réussi à lui porter un coup avec le téléphone. La tête de Benitez s'était mise à saigner, et puis, finalement, Émilien ne sait plus vraiment comment, la tension était retombée. Élodie confirme la scène et les revoit sortir ensemble de l'appartement. Elle n'a jamais revu sa mère après ça.

Simone ne s'était confiée à personne sur un éventuel départ. Comment les enfants auraient-ils pu imaginer l'imminence du danger ? Ils l'assurent, elle les a couchés sans les étreindre plus fort que d'habitude. Et le lendemain matin, elle n'était plus là. Disparue. Il n'y avait rien d'anormal dans l'appartement, rien de cassé ni de volé. Émilien s'en souvient bien, il s'était levé pour aller trouver sa mère dans son lit, mais elle n'était pas là et Benitez non plus. Le garçonnet était très surpris car sa mère n'avait jamais fait cela auparavant. Elle sortait parfois le soir, mais le matin elle était toujours là pour le réveil de ses enfants.

Elle avait laissé une lettre. À l'époque, ils n'y avaient pas prêté grande attention, ça ne leur apportait aucune réponse.

> Mon Étienne,
>
> Pardon avant tout, parce que tu étais si petit et si grand à la fois pour comprendre, j'ai pas été si forte pour affronter la vie à 5, il és temps que ton père s'occupe un peu de vous, je t'aime mon fils, je suis fier de toi, tu m'apporte tant de bonheur que moi je suis minable, faible, je veux que tu t'occupe des tes petit frère, que tu les protège, surtout ne les abandonne jamais. Maman était amoureuse que j'ai pas supporté que cette homme avait une double vie, il cache tout ça depuis 5 ans, ton père m'a fait pareil même pire.

Pardonne Maman mon amour Cette pas de ta faute, je vous aimez autant [1] [*sic*].

La dernière phrase est écrite en travers de la page, l'écriture grossière. Comme si cela avait été rajouté en dernière minute, dans un ultime élan. Emmanuel, qui apporte ce mot au SRPJ, se rappelle qu'il n'avait pas reconnu l'écriture de Simone, et l'avait même comparée à des lettres écrites aux sœurs de son ex-femme restées en Guyane ou au Brésil.

Leur mère partie, les enfants ont continué à vivre sans rien signaler à personne. Quelques jours après la disparition, Élodie est tombée malade et les responsables de l'école ont alors découvert que les enfants se gardaient seuls. Une enquête s'est ouverte aussitôt. Un frère de Simone est prévenu et vient chercher les enfants. On leur dit que leur mère est tombée malade, qu'elle est à l'hôpital, mais elle ne revient pas. Finalement, Noël passe et, le 31 décembre, la DDASS (ancienne Aide Sociale à l'Enfance, ASE) appelle Emmanuel : il faut récupérer les enfants, sinon ils seront placés.

Au début, Emmanuel imagine Simone au Brésil, partie rejoindre sa famille. Mais les recherches effectuées par la police montrent qu'elle n'a pas pris l'avion. Les comptes en banque n'ont pas bougé. Le fait qu'elle n'ait plus jamais donné aucune nouvelle à ses enfants convainc Emmanuel qu'elle est morte.

Paco n'a jamais rappelé. Les enfants ne le reverront plus. Enfin si, la dernière fois qu'Étienne l'a croisé, c'était

1. Écrit en date du 27 novembre 2004, versé au dossier. Les fautes ne ressemblent pas à celles des autres documents écrits par Benitez (N.d.A.).

à un forum des métiers, à Béziers. Le jeune homme a tout de suite reconnu l'élégant militaire qui siégeait sur son stand de la Légion. De loin, Étienne l'a observé. Il n'a pas osé lui parler, et s'est éloigné.

27.

Dimanche 4 août 2013, dans la matinée,
caserne Joffre

Benitez et sa belle-fille Laura se réveillent au quartier. Ils y ont dormi. Seuls, tous les deux. Ils n'ont pas trouvé mieux pour se planquer. Personne à la caserne, les militaires en permission ont déserté le temps du week-end. Ce matin, Benitez s'agite. Il a décidé qu'il fallait mettre fin aux rumeurs, et parler. Alors que son cœur fait les montagnes russes, Laura obéit. Elle ne veut pas l'abandonner.

Chacun a répété son texte.

Un store baissé, pour éviter le contre-jour, calfeutre la pièce et les laisse dans la pénombre. Assis face à un bureau vide, Benitez se lance en premier. Bras tendus, elle le vise avec un iPad pour le filmer. Mal cadré, le légionnaire fait tout petit, enfoncé dans un fauteuil réglé trop bas. En arrière-plan, le mur beige, qui vire au jaune, ne permet pas d'identifier le lieu. Tout est neutre. On croirait une mise en scène de ravisseurs prêts à réclamer une rançon. L'image tangue, mais Laura tient bon et ne chavire pas. Benitez termine son monologue et laisse la place. Ils inversent les rôles. Elle tourne le siège et s'installe dos à l'objectif. Elle lâche ses cheveux ondulés sur ses épaules et ajuste ses mèches brunes pour ne rien laisser entrevoir de son visage. Émettre un son semble lui demander un effort surhumain. Pour contrôler l'émotion dans sa voix, elle tente une technique de respiration. Elle vise un point fixe et souffle le plus lentement possible, léger répit pour se maîtriser.

« Je veux dire à tous les journalistes que l'instruction est en cours et c'est la raison pour laquelle on ne veut pas, on ne veut pas parler. Et tout le mal qui a été dit nous touche au plus profond, avec tout ce que nous vivons. Et je veux surtout dire à ma maman et à Allison qu'elles donnent un signe de vie, aucun reproche ne leur sera fait. On fera tout pour les aider à revenir discrètement. Je les aime fort, qu'elles se manifestent au plus vite. »

Les derniers mots, Laura les ânonne, avant de s'écrouler tête en avant. Benitez continue malgré tout à capturer le silence entrecoupé de pleurs.

« C'est tout. »

Enfin, il interrompt l'enregistrement et s'empresse de ranger son iPad. Il veut quitter Perpignan au plus vite. Il prétexte qu'il a besoin de prendre un peu le large, en Espagne ou à Paris, pendant quelques jours.

Laura ne pose aucune question.

Il la conduit chez sa meilleure amie, Camille, du côté de Béziers, où elle a choisi de se réfugier. Sur le trajet, chacun tente de se contenir, mais parfois une simple respiration les replonge dans les larmes. Une heure de route plus tard, l'amie a préparé un repas, ils s'assoient pour déjeuner, mais personne ne touche à son assiette. Son beau-père échange quelques mots avec Camille. Effondré, il lui demande un dernier service : « Il faut veiller sur

Laura. » Il veut partir, et vite. Il s'agite, Laura paraît hésiter, ne devrait-elle pas le retenir ? Retrouvera-t-il l'autoroute dans son état ?

L'émotion la paralyse.

Benitez s'assoit et l'attire contre lui. Assise sur ses genoux, elle se blottit comme une gamine. Dans une ultime étreinte, ils se serrent fort et laissent l'émotion sortir une dernière fois, sans échanger un mot. Elle pressent le pire, pour lui autant que pour elle.

28.

Samedi 31 août 2013, 19 heures, Montpellier

Je quitte une famille endeuillée pour en retrouver une autre. Sur le chemin du retour, la Catalane passe par Montpellier. C'est là que vit Laura, la première fille de Marie-Josée. J'ai trouvé une adresse plausible dans les Pages jaunes.

Je pense souvent à elle. Le feuilleton se lit sur les plages et dans les trains. Un légionnaire se pend, une Miss et des maîtresses disparaissent… des ressorts efficaces pour tenir en haleine une France en vacances. Le flot d'informations sur la famille se déverse sans répit, jusqu'à l'intimité crue. Et moi, je participe activement à cette actualité. Allison se rêvait adulée et contemplée sur papier glacé, c'est à présent chose faite depuis qu'elle s'est volatilisée sans laisser de traces. Vedettariat posthume.

Laura, elle, se terre à son domicile. Aucun mot n'est assez fort pour la décrire. « Orpheline » ne convient pas. Je l'imagine anéantie et rongée d'inquiétude.

Le temps d'un été, ils ont tous disparu : la mère, la sœur et le beau-père. C'est absurde, quand on y pense. Elle n'a pas la force d'affronter l'extérieur. Trop brutal. Trop réel. Telle une survivante, en état de choc, elle garde le silence. Elle se méfie des passants, des amis autant que des journalistes. Tous rangés dans la case vautours en quête de cadavres. Moi comprise. Je découvre que le fait divers a quelque chose de magnétique. Si je pouvais retrouver les corps, je le ferais. Je cherche à gagner, ce que l'on refuse aux autres journalistes, le machiavélique supposé. Il me faut la boîte noire de l'histoire. J'ai envie de savoir par avidité. Il y a bien une passionnée de l'affaire Guy Georges à l'école de journalisme, elle est la seule à avouer cette attirance pour l'épouvantable et le monstrueux, alors souvent, avec mes camarades on s'en amuse. Je commence à la comprendre.

Un compte Facebook correspond au profil de Laura. Deux jours après le suicide de Benitez, le 7 août, je lui ai adressé un message bref et concis : « Je suis la journaliste qui a rencontré Francisco Benitez, appelez-moi », convaincue que l'ultime rencontre avec son beau-père me servirait de sésame pour l'attirer dans mes lignes.

Aucune réponse.

La rédaction me laisse autonome sur les stratégies à adopter. C'est sur le terrain que surgira la solution, pas à Paris. Sonner à la porte de Laura sans y être attendue me semble impossible. C'est pourtant ce que me suggèrent mes rédacteurs en chef. Je n'ose pas.

J'ai aussi demandé au commandant Chevin, celui qui a pris ma déposition, de faire l'intermédiaire et de plaider en ma faveur. Il m'a confié que les enquêteurs se sont méfiés d'elle. Il m'a fait part de la gêne qu'il a ressentie lors de ses dépositions. Cette passion qu'elle éprouve pour son beau-père dérange. Il a l'impression qu'elle en sait plus que ce qu'elle dit. Il l'a mise sur écoute. Le commandant a laissé ses phrases en suspens, il n'a pas voulu en dire davantage. Laura m'intrigue d'autant plus.

Et puis, le 12 août 2013, je reçois une alerte Messenger sur mon téléphone.

> « Me Lallement, Je suis désolée mais il nous est très difficile de communiquer tant l'inquiétude est grande et pour tenir, on se protège de tout surtout des médias même s'il faudra bien les affronter. je ne regarde plus la télévision mais j ai eu des échos, cela m'a fait beaucoup de mal, a ma soeur, a papa surtout et je pense que cela a beaucoup contribué a son geste. Il y a aussi tous ces gens que nous n'avons pas vus depuis 20 ou 25 ans, qui nous ont fait de mal avec leur médisance et qui se disent préoccupés, alors que durant toutes ces années, ils ne l'ont pas été. Tout ce qu'ils savent faire, c'est se mettre en avant, se donner de l importance avec le cauchemar que nous vivons, nous, réellement. Avec ma sœur, nous nous efforçons de nous accrocher jour après jour et nous voulons garder espoir même si l'inquiétude est immense. Avec ma sœur, nous nous exprimerons lorsque nous nous sentirons assez forte pour le faire. Merci Je n'ai plus de pc mais je ferai en sorte de me connecter sur FB [*sic*]. »

Laura appelle son beau-père papa.

Rien n'a ébranlé la figure tutélaire de Benitez. Elle reste persuadée de son innocence, tout comme Angèle, la troisième sœur, qu'elle évoque et avec qui elle fait front. Laura attend, espère se réveiller de ce cauchemar. Son calme apparent, c'est sa façon de dire qu'elle n'y croit pas, que sa mère et sa sœur vont revenir.

Elle me répond et c'est un début de lien. La porte s'est entrouverte. Il faut garder un pied dedans et s'approcher doucement. J'ai mille questions à lui poser sur sa famille, le tournage de la vidéo sur l'iPad, sa relation avec son beau-père, etc. Mais il ne faut rien brusquer.

Les semaines passent, la presse reste. Une bribe d'info vaut une colonne dans *Midi libre* quand un témoignage fait le journal télé. Les preuves distillées dans les conférences de presse du procureur dessinent un massacre avec du sang dans le garage. L'affaire Dupont de Ligonnès a laissé des séquelles dans l'opinion publique, l'hypothèse privilégiée est celle d'un drame intrafamilial ; les passionnés de faits divers s'affrontent sur des forums de discussion dédiés aux disparues de Perpignan. Benitez le malin, Benitez le diable. Sous ses allures d'hidalgo, il incarne dorénavant le mal absolu, capable de tuer femmes et enfant.

Laura a forcément entendu parler des traces de sang dans le congélateur. « Les espoirs de retrouver Allison et Marie-Josée en vie s'amenuisent », concluent généralement les journalistes police-justice des chaînes d'infos.

Laura se terre.

Je cherche une piste. Je n'ai pas pu m'en empêcher : en route pour Nîmes, je lui ai écrit sur Facebook. « Je suis à Montpellier, appelez-moi. » Un coup de bluff, je ne suis même pas certaine de m'y arrêter. J'essaie juste d'être plus véloce que les autres journalistes et j'applique les conseils de Marie : « Elle doit être curieuse de te voir, toi la journaliste que Benitez a voulu rencontrer avant de mourir. Il faut jouer sur la confiance qu'il a eue en toi. »

Je veux que Laura sache que je connais son adresse. J'espère la provoquer, qu'elle se décide à me répondre. Mais trois heures plus tard, alors que nous sommes sur le chemin du retour de Nîmes, Laura n'a toujours pas vu mon message. À quoi je m'attendais ? Une invitation sur bristol ? Elle ne veut pas me voir, il faut m'y résoudre.

Qu'importe. C'est décidé, j'y vais et Marie m'accompagne. Je me suis suffisamment préparée à aborder Laura, comme un avocat a répété sa plaidoirie. J'imagine une sorte de monologue. Je m'attends au claquement de porte et aux hurlements. Mais j'y vais. Je roule vite et respecte à peine les vitesses autorisées, pressée par la nécessité impérieuse de faire irruption chez Laura.

Fin d'après-midi, en plein été, il fait encore jour. Je pénètre dans le quartier des Cévennes, une banlieue familiale et populaire, loin du centre historique et de la place de la Comédie. Une sorte de nouveau quartier où les HLM, à peine sortis de terre, ressemblent fort aux barres d'avant. Seul détail, les architectes ont coupé leurs plans, les bâtiments ne dépassent plus les quatre étages ; dorénavant, les immeubles s'étirent et s'étalent. Les habitants viennent à peine de déballer leurs cartons et d'accrocher l'écran plat au mur. Tout est neuf, la peinture à peine sèche. La mairie en manque de grands hommes a baptisé les nouvelles rues Eucalyptus et Papyrus.

Avec Marie, j'interroge quelques passants. Le prénom Laura ne leur évoque rien. Personne ne la connaît. À chaque passage dans le hall, la porte d'entrée, lourde et imposante, s'ouvre et se referme très lentement. Je suis tentée de me faufiler à l'intérieur.

Après quelques minutes d'attente, je brave l'interdit et profite d'un énième passage, Marie sur mes talons. Les noms affichés sur les boîtes aux lettres nous confirment qu'une Laura habite dans ce bâtiment. Et si elle prenait mal notre arrivée en trombe chez elle ? L'angoisse me noue l'estomac.

J'identifie le numéro d'appartement. Sans réfléchir, on grimpe quatre à quatre l'escalier. Je vais vite pour ne pas flancher. Essoufflée, devant la porte, je sonne. Une fois. Pas de réponse. Je sonne une seconde fois. On analyse le silence. Immobiles, on essaie de détecter le moindre signe de vie derrière la porte. Je scrute le judas.

Toujours rien. Personne.

On redescend l'escalier aussi vite. J'écris un petit mot à la hâte et le glisse dans la boîte aux lettres. On sort de l'immeuble et là on croise deux femmes ; l'une à l'allure un peu garçonne, l'autre, plus fluette, dont le regard est masqué par de grandes lunettes de soleil, type Aviator. Pourrait-elle être Laura ? Finalement, on ne sait pas à quoi elle ressemble…

Je les aborde : connaissent-elles une certaine Laura ?

Surprises, elles balbutient une réponse confuse et négative. Je crois deviner un malaise chez celle qui porte des lunettes. J'essaie d'attraper son regard derrière les verres fumés.

— C'est vous ? tente Marie.

Sa gêne vaut confirmation. Sans attendre une éventuelle réponse, je me présente. La jeune femme n'a aucune réaction. J'essaie d'adoucir ma voix, j'expose mes intentions. J'y mets ce qu'il faut d'empathie en m'attachant à éviter la pitié.

— Oui, c'est moi, dit-elle d'une voix fluette.

— Il s'agit de dresser un portrait de Benitez, poursuit Marie. Vous êtes la seule à pouvoir nous aider. Des gens parlent, mais pas les proches.

Laura s'en émeut. Contenant sa colère, elle évoque les voisins qui témoignent sans connaître sa famille. Elle interroge du regard l'amie qui l'accompagne et garde le silence.

Je veux que Laura comprenne que je ne suis pas de la faction ennemie, je ne suis pas non plus de ces charognards accourus pour profiter du drame. Je cherche à gagner du temps et du terrain. Je cherche, surtout, à gagner sa confiance.

Mais Marie ne veut pas la lâcher. Une telle opportunité ne se représentera pas, elle le sait. Alors elle improvise, s'inquiète des trois caniches des parents :

— Est-ce que quelqu'un a récupéré les chiens ?

Point pour Marie. L'attention attendrit Laura et la méfiance abandonne son visage.

— Je viens tout juste d'avoir de leurs nouvelles, merci. Ils ont été recueillis par une famille de confiance, papa les avait déposés chez un collègue de la Légion.

Sentant une brèche, je tente à nouveau ma chance. Je reparle de ce portrait commandé par ma rédaction, en mettant tout sur le dos de l'insistance de mes chefs. Je lui répète qu'elle est la seule à connaître l'histoire.

— D'accord, venez chez moi. Pas ici.

Laura a cédé. Elle ne veut pas que les voisins entendent, on remonte ensemble l'escalier.

La clé, c'était les chiens.

Il y a toujours une fêlure. Le plus difficile est de savoir sur quoi jouer sans se griller. Marie vient de me donner une leçon de journalisme dont je me souviendrai.

Assise, sur le bord de sa chaise, devant la table de sa cuisine, Laura ressemble à un oiseau blessé. Elle contient ses tremblements autant que ses peurs intérieures. Son amie – elle s'appelle Camille – se tient tout près d'elle.

Avant ce foutu mois de juillet, ce n'était pas facile. Laura, trente-six ans, assistante de vie, qui élève seule ses deux filles, se plaignait de ses difficultés financières et de son boulot trop pénible pour un gabarit comme le sien. Mais aujourd'hui, elle aimerait tant faire marche arrière.

Elle prévoyait de passer l'été à Perpignan, chez sa mère. Des vacances à moindres frais, mais heureuses, parce que en famille. Elle pensait emmener sa cadette à la plage, à Leucate. C'est le rituel chaque été. Les valises étaient prêtes.

Mais, le jour où elle a reçu le texto de sa mère, Laura a tout annulé. Dorénavant, une Rubalise encercle l'appartement familial et des scellés barrent la porte.

La mère célibataire a défait les bagages et inventé une excuse sur les transports pour justifier le changement de programme à ses filles qui ne se doutent de rien. La plage, ce sera pour une autre fois, Laura le leur a promis.

Je découvre une femme rongée par le remords. Depuis que la PJ l'a appelée ce 5 août, elle ne cesse de ressasser les derniers événements. Elle se dit qu'elle aurait pu éviter tout ça. Mais en le laissant partir, elle a abandonné Benitez. Après la terrible annonce, elle s'est effondrée sur le sol de sa cuisine. Au bout d'un long moment, épuisée, elle n'a trouvé de force que pour ouvrir un sac de voyage remis par Benitez le week-end précédent. Elle l'a fouillé, espérant découvrir une lettre, une explication. Elle n'a trouvé qu'un Caméscope, un appareil photo et quelques effets personnels, accompagnés d'une note « Pour Laura ». Elle lui en veut. Il l'a laissée seule. Une nouvelle fois abandonnée. Il a agi comme tous les autres pères qu'elle a connus avant lui. Sa vie s'est arrêtée là, à ce moment précis.

Laura fait petite chose. Elle doit être jolie fille sans ces yeux bouffis de chagrin. On aurait du mal à dire jolie femme tant elle paraît gracile. Je la regarde et j'imagine Marie-Josée jeune et belle.

Elle a entrouvert une fenêtre, allumé une cigarette, puis une autre. Tout le paquet va y passer. Prostrée, les tempes tirées par un chignon trop serré, elle regarde le sol, ce carrelage impeccable, d'un blanc presque clinique. Derrière elle, le salon reste dans la pénombre, condamné depuis qu'elle a décidé d'éteindre définitivement la télévision.

— Ma mère et ma sœur vont réapparaître.

L'absence de corps nourrit ses espoirs. Je n'ose pas la contredire.

— Je préfère me dire qu'elles sont là, quelque part, et que personne ne leur fait de mal.

Elle le répète comme un mantra. Elle ne s'habitue pas à l'idée du vide. Je veux la rassurer. Je suis convaincue que les disparues sont déjà mortes, mais je ne la contredis pas.

— Il y a une importante cellule d'enquête, dis-je pour la rassurer.

Lorsque Laura évoque son enfance, elle commence à onze ans, avec l'arrivée de Francisco Benitez dans sa famille. C'est comme si rien n'avait existé avant.

— Cet homme a apporté… (Elle inspire fort avant de poursuivre.) En fait, cet homme, quand il est entré dans notre vie, ça a été un rayon de soleil. J'ai senti que c'était quelqu'un de bien. Ma mère, elle avait toujours le regard triste, mais avec lui c'était différent, ils formaient un beau couple. Elle l'a rencontré dans un bar à Marseille, où elle travaillait le soir. Je me souviens qu'il venait le week-end à la maison et c'était toujours une surprise et on n'attendait que son retour… Parce que, comme il disait toujours, « Allez, on part à l'aventure ! ». En fait, on partait à la mer, on allait acheter à manger, on pique-niquait, il embarquait les garçons sur le buggy qu'il appelait « la mygale ». C'est quelque chose qu'on n'avait jamais vécu. Il s'est occupé de nous, et en fait il n'y a aucun homme avant qui avait eu ces attentions. On n'avait jamais fait ça pour nous. On l'appelle tous papa. J'étais sa fille…

Laura ne parle pas, elle murmure. Elle expose le récit ordinaire d'une famille qui s'est reconstituée.

Il faut pourtant poser cette question frontale, mais nécessaire. Marie se lance.

— Pardon, mais vous l'appelez « papa »… Vous avez un père, je veux dire génétique ?

Elle allume une nouvelle cigarette, la laisse se consumer.

— Oui, mais je ne l'ai pas connu, j'ai vécu quelque temps avec lui, mais je n'en ai pas le souvenir. Papa, c'est le seul qui a pris soin de moi. J'aurais aimé porter son nom, qu'il m'adopte, j'y ai souvent pensé, vous savez. J'en aurais été fière.

Tout d'un coup, elle paraît si sûre d'elle.

Elle vient d'assister à l'incinération de Benitez et de le pleurer comme un père. Elle a bien essayé de récupérer les cendres, mais il a fallu se rendre à l'évidence : elle n'est pas sa fille. Les pompes funèbres ont refusé. Elle se raccroche à ce qu'elle a vécu et ne laisse personne torpiller les souvenirs de son enfance. Benitez s'érige en héros familial, indéboulonnable.

— De mémoire, il s'était engagé autour de sa majorité, vers dix-huit, vingt ans, après avoir tenté les paras en Espagne. (Elle sait bien ce qui se raconte, alors elle balaie d'elle-même les allusions d'ancien bagnard.) La Légion, ce n'est pas parce qu'il avait fait quoi que ce soit ou qu'il avait des choses à cacher.

Sa voix s'affermit, son visage s'empourpre. Le présent la rattrape : le suicide, la culpabilité mouvante dont Benitez fait l'objet.

— Ça ne veut pas dire que papa a fait une bêtise. Pour moi, c'est juste que papa, il pensait qu'il leur était arrivé quelque chose, et s'il a fait ce geste, c'est parce qu'il pensait... Il m'a dit que c'était pas normal de ne pas avoir de nouvelles, il a perdu totalement espoir et c'est pas... C'est pour ça que je peux me mettre à sa place, c'est pas le geste de quelqu'un de coupable de quoi que ce soit, et moi je l'ai vu la première semaine, j'étais avec lui le week-end d'avant, de tout ce que j'ai vu... (Elle se fâche et ça ne lui ressemble pas.) Je ne peux pas penser une seconde... Moi aussi, j'ai eu des pensées, c'est pour ça que je peux me mettre à sa place. C'est pas le geste de quelqu'un de coupable. Moi, je peux comprendre ce geste. J'étais avec lui. De tout ce que j'ai vu, je ne peux pas penser une seconde...

Elle s'arrête net. Elle s'est délestée de sa colère.

Un geste de réconfort de ma part serait déplacé, nous n'avons pas cette proximité. Je la laisse poursuivre tout en prenant des notes.

Son père ne lui a pas laissé le choix. Il n'y a plus qu'elle pour sauver l'honneur du légionnaire.

— On ne joue pas la comédie si longtemps, non ? Trois semaines ensemble. Il est resté dans les parages, il n'a pas fui. Les gens appelaient à la maison. Il s'inquiétait pour sa Pépette. Dans la rue, en voiture, il la cherchait partout. Le 22 juillet, on s'est présentés ensemble au commissariat, ils ne nous ont pas laissés déposer une main courante. Allez voir les registres, j'étais là, il a fallu insister, revenir le 25 et menacer de saisir un magistrat pour qu'ils nous prennent au sérieux, lance-t-elle d'un ton ferme.

Face à elle, je me transforme en greffière. Munie de mon enregistreur et de mon carnet, je note tout ce que j'entends, tout ce que je vois. J'écris : « un mur », pour décrire ce qu'elle m'inspire. Je repense aux mots du commandant Chevin, la passion de cette jeune femme pour son beau-père, son déni total et l'émotion qu'elle dégage. Je comprends la gêne du policier.

Laura a treize ans de plus que moi, mais je lui parle comme je parlerais à une enfant. L'enfer a commencé le 14 juillet, peu après 17 heures, avec ce message de « Mamounette », curieusement truffé de fautes d'orthographe. Laura analyse les mots utilisés, ne retrouvant pas la manière d'écrire de sa mère. C'est peut-être Allison qui a rédigé le message, c'est vrai que Marie-Josée a parfois du mal à taper sur l'écran tactile, avec ses doigts tout gonflés.

Perplexe, Laura appelle Angèle, sa cadette : elle la soupçonne même de savoir quelque chose… Et si elle les cachait ?

— Je ne comprenais pas. Je n'avais pas envie qu'elles aillent à Toulouse, qu'elles aillent dans un foyer ou à l'hôtel, parce qu'elles ont des moyens financiers limités. Je leur ai laissé un message pour qu'elles viennent chez moi, à Montpellier. En même temps, il fallait rassurer papa.

Dans la tête de Laura, Toulouse reste une option crédible. Marie-Josée parle souvent de cette ville. Tout colle dans ce scénario. Allison a même la possibilité d'avoir un poste de formatrice dans un salon de L'Oréal.

— Mais avec toute cette histoire de disparition, est-ce que quelqu'un va accepter de la faire travailler ? Son visage est connu avec l'avis de recherche.

Chaque jour Laura, inlassablement, rappelle sa mère et sa sœur. Elle laisse des messages, envoie parfois un simple point d'interrogation par texto.

— C'est insoutenable de penser qu'elles sont retenues quelque part, insoutenable. Il faut les retrouver, reprendre les vidéos de la ville, refaire le parcours, fouiller les gares…

Elle imagine sa mère et sa sœur prisonnières. De qui ? Elle ne sait pas trop. Elle préfère ne pas laisser ses pensées s'aventurer trop loin.

— Et puis il y avait les Miss, elle y tenait, Allison. D'ailleurs, une semaine avant qu'elles partent, elles avaient commandé une robe pour le gala. Je me suis dit elles sont parties, elles ne veulent pas qu'on sache. Elles veulent faire râler mon père. Elles l'ont déjà fait. Elles auraient pu vouloir partir, ne rien dire, qu'on ne sache pas où elles étaient, mais après tant de temps, c'est cruel, non ?

Je ne commente pas.

Laura s'est refait le film. À Noël dernier, n'a-t-elle pas réussi à réunir la famille qui se déchirait ? Une intuition avait poussé Allison à fouiller le portable de son père. Elle était tombée sur des messages ambigus d'une femme. Marie-Josée, humiliée, s'était mise à insulter et avait giflé son mari. Lui, placide, niait l'incartade.

Après ça, Benitez s'était installé à la caserne pour calmer le jeu. À partir de ce moment, quelque chose s'est rompu. Allison a pris parti pour l'épouse trompée. Il faut dire qu'entre la mère et la fille, le cordon ombilical tient bon.

— Elle avait perdu confiance en son père, lâche Laura.

Et puis la tempête était passée. Jusqu'à la prochaine : il y en avait toujours une nouvelle.

— Mes parents étaient séparés. Papa m'avait confié qu'il vivait une histoire d'amour avec une Espagnole installée près de Barcelone.

Je tique et croise le regard de Marie, qui ne laisse pas passer :

— Comment s'appelle cette femme ?

— Oui, oui…

Elle acquiesce mais ne répond pas à notre question.

— Magdalena ? Ça vous parle, ce nom ?

— Le jour de son suicide, elle m'a appelée, il lui avait donné mon numéro. Elle était sous le choc. C'est probablement la dernière personne avec qui il a échangé.

Laura ne cite pas le prénom de Magdalena. Elle nous voit venir et elle ne veut pas confirmer l'identité de l'ultime maîtresse. L'information nous traverse comme une balle. La piste du dernier amour de Benitez se précise.

Malgré nos efforts pour contenir notre intérêt, Laura sent les choses et tente d'éviter le sujet.

— Je ne sais pas ce que je peux vous dire sur elle, je ne la connais pas.

La pièce s'est assombrie. La nuit est tombée dehors, tout autour les appartements se sont animés, les fenêtres s'éclairent une à une. Plus de deux heures se sont écoulées. Nous avons laissé Laura exposer ses espoirs irrationnels. Dans la pénombre, la confiance s'est installée.

Je prends mon élan et sans détour je décide de la confronter aux dernières découvertes sur Simone de Oliveira Alves. *Paris Match* s'apprête à publier l'histoire d'amour dans le prochain numéro, je me dis qu'il faut que je la prépare avant le choc du papier glacé.

Je raconte les week-ends à la plage avec les enfants de Simone, qui l'adoptent et l'adorent comme un nouveau père ; les virées en Espagne et le nouvel an tous ensemble. Des souvenirs qui ressemblent à l'hymne joyeux et familial de Laura, au même moment, dans un autre lieu, une autre famille.

Elle n'y croit pas. Mon récit entre en conflit avec tout ce qu'elle a vécu. Ce n'est pas audible.

— Ma mère est une jalouse, elle n'aurait jamais laissé mon père s'éloigner avec une autre femme. Au moindre doute, elle l'épie.

Laura s'interroge sur l'organisation personnelle qu'une deuxième famille demande.

— C'est improbable et impossible. À chaque permission, il était à la maison avec nous.

Je continue. La disparition mystérieuse de Simone, le 29 novembre 2004, la nuit de la dispute, Benitez qui la tire hors de l'appartement et l'embarque dans son 4 × 4, les enfants qui n'ont plus jamais revu leur mère.

— Mais qui a emmené cette femme ? m'interrompt Laura, tout se bouscule dans sa tête.

— Paco, réplique aussitôt Marie.

— Pourquoi ? demande encore Laura.

— Elle n'a envoyé qu'un seul texto : « Je pars, je te quitte », adressé à son légionnaire, pour ne plus jamais réapparaître. Ses enfants ont toujours cru à un abandon de leur mère.

— Qui est-ce qui dit ça ? interroge Laura, circonspecte.

— La voisine de Simone, cette femme qu'elle considérait comme une mère ou une tante, explique Marie.

J'ai pleinement conscience de la terrible confidence que l'on vient de lui faire. L'histoire prend un tournant encore plus grave. Avec Simone, Benitez est soupçonné d'un triple meurtre et passe dans la catégorie serial killer.

— Depuis quand ils se fréquentaient ?

— Le début des années 2000.

— On ne parle pas de quelques mois, admet-elle.

Je la sens blessée. Pour plus de crédibilité, je sors d'une pochette les photos que je viens de récupérer. Les souvenirs des réveillons, les enfants qui entourent leur mère et son amant, Benitez attablé devant le plateau d'huîtres, son sourire en direction de l'objectif, franc, sincère.

Laura dissèque les clichés de manière clinique et décrit les robes de Simone pour s'assurer que tous n'ont pas été pris le même jour. Au dos des documents, je la laisse découvrir les dates imprimées : 2000, 2003, 2004. Elle constate que la relation s'étale dans le temps, mais pour autant ne concède rien.

— On ne parle pas de mois, mais d'années..., répète Laura.

— Le scénario ne vous paraît pas similaire à celui de votre mère et de votre sœur ? tente Marie.

L'histoire dépasse l'entendement : la deuxième famille, la double vie de son père, les schémas qui se répètent.

— Plus personne n'est là pour raconter sa version.

Elle classe l'affaire. Dans le monde de Laura, le mensonge n'existe pas. Une invention des médias ! Rien ne peut altérer son jugement.

Quelques secondes passent.

— Vraisemblablement, cette personne a disparu, mais le reste, j'attends de savoir le vrai du faux, j'attends le résultat de l'enquête.

L'enquête, justement, je dois y venir. Comment aborder les premiers résultats d'analyses au Bluestar, ce produit qui permet de faire apparaître les traces de sang, même après un lavage à l'eau de Javel ?

Si Laura assure ne plus regarder les nouvelles, elle est au courant de tous les rebondissements. Des traces de sang ont été retrouvées dans la machine à laver de la Légion, la presse vient tout juste de s'emparer de l'information.

— La machine de la maison était en panne. En décembre, il fallait se déplacer au quartier le week-end pour laver les vêtements.

Les traces dans le congélateur, où on aurait retrouvé l'ADN de Marie-Josée, l'ont légèrement plus inquiétée. Mais Laura évoque une mère bricoleuse qui aurait pu se couper le doigt. Là encore, elle attend une communication officielle de la police.

Elle ne veut pas croire à la culpabilité de Benitez. Elle est dans le déni. Elle a aussi une réponse pour expliquer les révélations sur le sol du garage : une bouteille de sangria s'est échappée d'une main et s'est répandue sur le sol.

Son imaginaire est sans limite, comme l'est sa loyauté, pour autant elle ne veut pas paraître naïve.

— Je ne sais pas ce qui est vrai et ce qui est faux, je veux que mon avocat soit mis au courant.

Laura cherche le dénouement.

Marie avance que cela pourra prendre des années avant d'obtenir les réponses.

— Je sais que la chute va être dure. Je tiens, parce que j'ai mes petites, mes filles, mais (un silence) j'ai mes filles, oui… mais c'est ce qui fait que je suis esclave de la vie… (Personne n'ose parler.) S'il s'est passé quelque chose, comment je vais vivre avec ça ?

Aller plus loin me paraît insurmontable. Après plus de quatre heures d'entretien, je coupe l'enregistreur. Notre présence est de trop.

Il fait nuit noire. Nous quittons son domicile. Je me dis que l'assassin fait toujours d'autres victimes que ses morts. Laura en est une, mais personne n'a pensé à elle. J'appelle le commandant Chevin et lui laisse un message. Je le préviens. Laura est fragile.

29.

Vendredi 30 août 2013, 10 h 50,
commissariat de Perpignan

Je me nomme Sébastien C. [...] Je suis de nationalité française. Je suis caporal-chef dans la Légion étrangère et je suis affecté au poste d'information de la Légion étrangère, caserne Joffre.

Depuis le mois de janvier, il [Francisco Benitez] s'est mis à dormir au poste alors que ce n'était pas son habitude. Il s'était installé un lit dans son bureau car la chambre face à ce bureau est destinée aux permanents, c'est-à-dire aux caporaux-chefs.

Il restait ensuite dans son bureau et vers 10 heures il s'en allait. Il nous disait parfois qu'il partait sur Montpellier ou sur Canet pour préparer les missions de recrutement. Nous ne lui posions jamais de questions. C'était le chef et cela ne se fait pas chez nous. Je me suis rendu une seule fois sur Canet. C'était au début du printemps cette année, pour un dépôt de gerbe. Je ne connais pas ses habitudes ni ses fréquentations sur cette ville.

Il a commencé à s'absenter plus souvent sans explication un peu avant le mois d'avril 2013. [...]

En mai ou juin 2013, nous nous sommes rendus avec l'adjudant-chef Benitez aux honneurs rendus à Orange à un adjudant qui venait de décéder. Avant la cérémonie, nous avons été boire un café ensemble dans un centre commercial Carrefour d'Orange. Là, il a remarqué une boutique de vêtements classe et il m'a dit que nous reviendrions après la cérémonie. Nous y sommes retournés et il a acheté des chemises, des pantalons et une ceinture. En plaisantant, je lui ai demandé où il pouvait bien aller avec de tels vêtements. Il m'a alors dit qu'il devait se rendre dans un dîner non officiel au consulat de Madrid pour le 14 juillet 2013. À son attitude, j'en ai déduit que cela était plutôt destiné à un rendez-vous galant. Je crois qu'il n'a parlé de ce dîner qu'à moi.

Je vous précise qu'alors que j'étais de permanence la semaine du 24 juin au 28 juin 2013 je crois, j'ai vu partir l'adjudant-chef qui portait dans ses bras les vêtements qu'il avait achetés. Je sais qu'il devait aller voir Cyril S. pour aller remplir la climatisation de son véhicule Laguna. Après la visite chez Cyril S., l'adjudant-chef m'a téléphoné pour me dire que je partais dimanche 30 juin 2013 à Orange puis que je faisais le défilé du 14 Juillet à Paris. Je n'ai pas compris car ce n'était pas mon tour vu que je l'avais déjà fait en 2011. C'était à Cyril S. de le faire. Je n'ai pas discuté les ordres, mais j'ai eu une explication avec Cyril S. à mon retour de Paris le 16 juillet 2013. Il m'a alors donné comme motif de son remplacement le fait que pour le défilé les chefs ne voulaient pas d'homme dépassant 1m80, ce qui est son cas.

Pour en revenir aux téléphones, c'est à partir de la cérémonie des honneurs à Orange que l'adjudant-chef Benitez a commencé à m'appeler avec deux autres numéros de téléphone que je n'avais jamais vus encore. Je ne me souviens plus de ces numéros. Je me souviens qu'alors que nous revenions d'Orange et que j'étais chef de bord, l'adjudant-chef Benitez a filmé un très fort orage que nous avons essuyé. Il m'a ensuite dit qu'il avait envoyé ce film à sa sœur.

C'est une femme blonde qu'il avait amenée au PILE alors que j'étais de permanence et qu'il m'avait présentée comme sa sœur. C'était avant mon départ à Paris. Je dois vous dire que j'ai trouvé cela très bizarre car ils avaient dormi tous les deux dans le bureau de l'adjudant-chef où il n'y avait qu'un lit. Le même jour, lorsque je suis venu prendre des ordres, j'ai frappé à la porte en demandant à travers celle-ci, comme il est coutume de faire chez nous, la permission d'entrer. Je n'ai pas eu de réponse et j'ai essayé d'ouvrir la porte. Elle était verrouillée et j'ai compris alors qu'ils étaient occupés.

Cette femme ne m'a jamais adressé la parole en français. Elle parlait en espagnol avec l'adjudant-chef et il me traduisait. C'est lorsque les frères de l'adjudant-chef[1] *sont venus au PILE après son décès, que j'ai remarqué que cette femme qui les accompagnait, s'est adressée à nous en parlant en français. J'étais avec Clément T. Je lui ai dit que l'adjudant-chef Benitez me l'avait présentée comme sa sœur. Clément T. m'a dit qu'il pensait plutôt que c'était sa copine. Je constate que vous me représentez une planche photographique sur laquelle je reconnais formellement cette femme blonde que vous me dites se nommer Magdalena G. Je n'ai vu cette femme que ces deux fois. La première fois, elle était restée deux jours.*

[...]

Au printemps 2013, l'adjudant-chef m'a demandé des parpaings car je construisais ma clôture. Je lui ai dit que j'en

1. Le 9 août 2013, les frères de Benitez se sont présentés au commissariat de Perpignan. Après leurs dépositions, les deux hommes se sont rendus à la caserne Joffre, accompagnés d'une femme blonde (N.d.A.).

avais juste assez pour moi. Il m'avait dit qu'il était en train de faire un jardinet, mais il ne m'a pas dit où. Il m'avait demandé de mettre de la terre dans des sacs-poubelle et de les déposer à l'entrée du parking. J'ai récupéré cette terre derrière le bâtiment du BSN [Bureau du service national] à la caserne Joffre. Je ne sais pas s'il a récupéré des parpaings car il ne m'en a jamais plus parlé. Je vous ai déclaré dans une de mes précédentes auditions que l'adjudant-chef Benitez m'avait expliqué le jour de ma reprise à Perpignan, le 16 juillet 2013, qu'il avait eu un problème avec son congélateur, que de la viande s'était décongelée et que du sang avait coulé dans son garage. Un détail m'est revenu. Le soir du 16 juillet 2013, je suis monté à l'étage et j'ai été dans la buanderie dans le cadre de la ronde incendie que nous pratiquons tous les soirs. J'ai alors remarqué que les deux bacs de l'évier contenaient chacun environ cinq centimètres d'une eau rougeâtre. Cela ressemblait à ce qui se produit lorsque nous tuons le sanglier et que nous nous lavons les mains ensuite. Le sang devient alors très clair car il se dilue dans l'eau. J'ai trouvé cela anormal et cela m'a mis en colère car lorsque nous nous servons de quelque chose, nous le nettoyons ensuite. Vu ce qui restait dans les bacs, j'ai pensé que les siphons étaient bouchés. Comme ce n'était pas de mon fait, je n'ai rien nettoyé. J'en ai fait la remarque à Cyril S. le lendemain matin en l'appelant et en lui demandant ce qui s'était passé. Cyril S. m'a dit que ce n'était pas lui qui avait sali. Il m'a dit que c'était peut-être Benitez.

Je dois vous dire que cela fait environ quatre mois que les caporaux-chefs n'utilisent plus la machine à laver car elle est défectueuse. Elle ne se vidange plus et la programmation ne fonctionne plus. Il faut attendre trois heures pour qu'elle se vidange.

Nous n'utilisons plus le sèche-linge car il ne fonctionne plus correctement lui aussi depuis trois mois. Il n'y avait plus que Benitez qui utilisait ces deux machines.

C'est le mercredi 17 juillet 2013 vers 10 heures en installant des candidats à l'étage que je me suis aperçu que l'évier s'était vidé mais qu'il restait des dépôts, des fibres. J'ai demandé aux candidats de nettoyer la buanderie et l'évier. Le mardi 16 au soir, j'ai constaté la présence d'un tas de draps sales de la Légion posés sur le plan de travail. Il y avait aussi une housse de matelas que nous n'utilisons pas. Comme je n'étais pas là les jours qui ont précédé, je ne peux rien dire là-dessus mais cela ne me semblait pas très normal.

[...]

Je dois vous dire également que j'ai constaté à mon retour que sur les trente draps que nous possédons, il en manquait vingt-cinq. Je ne vois rien d'autre à déclarer.

Lecture faite par lui-même, M. Sébastien C. persiste et signe avec nous le présent ce jour à 14 h 15.

30.

Vendredi 6 septembre 2013, 9 h 32, Perpignan

« Bonjour,

Le détenteur de la photo a longuement hésité avant d'accepter de vous l'envoyer.

Elle a donc été floutée, pixélisée et réduite mais cela vous permet d'avoir une première idée. La photo originale est très nette et en 300 dpi. Votre reporter peut venir la voir si vous le souhaitez.

J'attends donc votre retour.

Bien cordialement »

En plissant les yeux, je reconnais la silhouette d'une femme blonde, mais impossible de savoir s'il s'agit bien de Magdalena. Paris me prévient, la source est parano, il faut la rassurer et se rendre au plus vite à Barcelone.

J'irai seule. Marie est déjà repartie sur un autre reportage. À *Match*, il faut être couteau suisse, s'adapter aux desiderata des chefs et accepter de partir sur-le-champ, à toute heure. La passion est un peu retombée dans la presse, l'affaire Benitez ne justifie plus la présence d'une équipe de deux journalistes. La pression pourrait redescendre, mais je n'en ai pas encore terminé. Je ne me laisse aucun repos.

J'ai pris rendez-vous avec l'auteur du mail, qui a choisi un café étroit et animé, typique des lieux catalans. Je me dis que c'est étrange d'avoir choisi un endroit aussi petit.

L'intermédiaire se présente, pile à l'heure convenue, et tire son téléphone comme on sort de la came. Je découvre la photo avec huit personnes attablées en arc de cercle, dont Benitez et Magdalena côte à côte, détendus et souriants, devant des cocktails roses. Je zoome sur le couple. Il porte un pantalon sombre et une chemise claire, élégante. Je retrouve sa bonhomie. Quant à elle, c'est bien la femme identifiée sur Facebook. Elle est plutôt jolie avec ses cheveux lâchés et son trait de khôl au ras des cils. Ils ont l'air enjoué tous les deux. En voyant cette image, je me dis qu'il n'y a pas de bonheur discret.

— Regardez la date de la photo.

Sur le côté droit du cliché, une suite de chiffres en impression digitale : 12/07/2013. Deux jours avant la disparition de Marie-Josée et Allison.

Cette photo fera une double page incroyable. J'y décèle l'insidieuse menace. Le drame de Benitez, c'est d'être aussi heureux avec Magdalena. Je me demande si ce n'est pas le point de départ du passage à l'acte. Devant un jury d'assises, ce sourire qu'il arbore suffirait à le rendre coupable.

La source qui me remet la photo accepte de livrer quelques informations pour la légende : la maîtresse espagnole a trente-neuf ans. Elle vient de Castille-et-León, elle a deux filles. Employée par une société de sécurité privée, elle est vigile, en poste au consulat de France depuis plusieurs années. Elle parle français. Ses collègues l'adorent.

J'apprends qu'il lui arrive de faire des missions de sécurité privée pour certains VIP, dernièrement elle en aurait fait une à Paris, pour des mannequins. Je repense à la photo de Facebook, où elle s'affichait devant la tour Eiffel, les bras en croix, celle avec le commentaire mielleux de Benitez. Elle aurait un permis de port d'arme et serait passionnée de self-defense. Tout colle avec le profil trouvé sur les réseaux sociaux et les groupes auxquels elle a adhéré.

Au consulat, il semblerait que Benitez avait ses habitudes. Il garait sa Laguna noire sur les places réservées aux diplomates. Une attitude peu protocolaire, qui suscitait l'interrogation et la curiosité des employés, d'autant plus avec sa plaque d'immatriculation des Pyrénées-Orientales. Il s'installait souvent pour une petite conversation dans le sas de sécurité du consulat. Leur relation ne datait que de quelques mois, mais paraissait déjà ardente.

Ce vendredi soir, le jour de cette photo, Magdalena avait convié Benitez à Barcelone à participer aux réceptions du 14 Juillet, organisées par la consule dans les jardins du Palau.

Je note les noms de toutes les personnes autour de la table et leurs fonctions au sein du consulat : informaticien, employé, conjoint, employée de l'état civil, secrétaire de la vice-consule. Je consigne le moindre indice et peu à peu me rapproche de Magdalena.

Je récupère l'image en haute définition sur mon mail. Je quitte ce café et m'installe au volant de ma voiture. Sur mon téléphone, je lance Google et tape des mots-clés, à la recherche d'autres éléments sur cette soirée. Je tombe sur un article d'un blog d'expatriés, petitjournal.com, qui me donne accès à une reconstitution minutieuse de la soirée.

Le 12 juillet, Mme la consule, Anne Grillo, invite la communauté française. Cette année-là, le 14 tombe un dimanche. La réception débute à 19 heures dans les jardins du Palau Robert, une ancienne maison bourgeoise de style néoclassique reconvertie en centre d'information touristique et salle d'exposition, sur le Passeig de Gràcia. Vers 19 h 30, la consule prend la parole pour évoquer l'importance de ce jour dans l'histoire de la République française et félicite la communauté d'expatriés pour sa bonne intégration dans le tissu social et économique de sa circonscription (Catalogne, Baléares, Aragon). Je récupère une autre photo de Magdalena avec Benitez, qui posent pour le photographe officiel. Je me dis que l'adjudant-chef est un habitué des commémorations et des mondanités administratives.

Ambiance décontractée dans ce décor majestueux avec, au menu, petits-fours, macarons et champagne. Tout le petit Barcelone français et francophone se salue et s'attarde. Un orchestre reprend des classiques de bossa nova. La réception s'achève et il est plus de 22 heures quand tout le monde a enfin quitté le jardin. Plusieurs petits groupes se forment et prolongent la soirée dans l'un des bars du quartier. Magdalena et ses collègues ont opté pour la terrasse Alaire, sur le toit d'un immeuble. La vue y est sublime. Une belle soirée, donc.

Je me rends au consulat de France, Ronda de la Universitat, proche de la Plaça Catalunya. Je monte au quatrième étage et me retrouve face à une guérite blindée, une sorte de coffre-fort en verre avec une simple ouverture de la taille d'une enveloppe. Un homme me fait face, en uniforme gris et rouge. C'est dans ce décor que Francisco

Benitez a rencontré Magdalena, juste derrière cette vitre légèrement teintée.

Personne ne l'a revue à son retour de vacances. Elle serait en arrêt maladie, mais parmi ses collègues, personne n'est dupe de son absence. La nouvelle du suicide de Benitez s'est répandue et tout le monde a fait le lien avec l'affaire qui secoue l'opinion française.

Je ne pose aucune question au vigile et je redescends. Je retourne dans son village, car je ne suis pas loin. Si elle n'est pas à son travail, elle doit être chez elle. Pourtant, aucun rideau de dentelle ne remue à mon passage. Le village, toujours plongé dans une profonde léthargie, ne me dit rien de bon. Je ne m'attarde pas et je rentre à Perpignan, mon nouveau refuge.

31.

Vendredi 6 septembre 2013,
20 heures passées, Perpignan

Le rassemblement donne l'impression d'un cabinet noir. Protégées du reste de la ville par une imposante végétation, une trentaine de personnes se serrent dans le patio du restaurant Le Sud. Une délégation de *Paris Match* vient de débarquer pour le festival Visa pour l'image, la grand-messe du photojournalisme. L'équipe se déplace en meute et ne se laisse pas approcher facilement.

Je me glisse à table où je me fais toute petite. Je suis épuisée par les cinq heures de route, mais il faut donner le change et rattraper mon retard avec un plat déjà commandé. Je n'ai rien mangé depuis le matin, alors je me jette sur la nourriture et j'écoute les conversations. Mais rapidement les yeux se posent sur moi. Je sors mon portable et montre la photo récupérée à Barcelone. Je transfère l'image par texto à Olivier, le directeur de la rédaction, trois sièges plus loin.

Je le vois découvrir le message, esquisser un sourire et répondre.

« Impressionnant. Bravo. L'enquête n'est pas close. »

En fin de repas, je récupère un badge couleur or, le festival fête ses vingt-cinq ans. J'arbore le collier comme une parure de haute joaillerie, l'inscription « Pauline Lallement *Paris Match* » bien en évidence, adoubée par les saints patrons du journalisme. D'ailleurs, je conserverai ce pass de festivalier comme un vieux ticket de concert que l'on garde religieusement, avec mes premières parutions et mes agendas de collégienne.

Je me laisse porter vers le Campo Santo, le plus ancien cimetière du Moyen Âge selon Wikipédia, à quelques mètres de la caserne Joffre, qui devient la salle de projection.

Flore, du journal, me guide et m'oriente dans ce monde de grands reporters qui se félicitent et se toisent.

— C'est le photographe sud-africain João Silva.

Elle désigne un type immense, habillé en ranger américain, un habitué des « sentiers non balisés ». En 2010, il sautait sur une mine en Afghanistan et subissait quatre-vingts opérations. Silva est un survivant, sans jambes.

Le jour a sérieusement décliné, je m'assois dans les gradins de l'arène installée pour l'occasion. L'écran devient noir, puis les images défilent. Dans un silence de cathédrale, je plonge dans les pires soubresauts du monde.

Suivent de grands reportages sur les femmes pachtounes et sur les rues d'Alep avec des images crues, parfois insoutenables. Même la vie d'un lion dans le Serengeti devient dramatique. À force de se rapprocher de l'enfer, beaucoup de ces témoins ont manqué d'y rester. Les noms des photographes disparus apparaissent et, pour finir, ceux encore debout, les vivants qu'on honore. Cette année, l'ultime distinction revient à l'Anglais Don McCullin. Je crois avoir lu quelque chose sur lui. Il serait capable de dégainer son boîtier comme on sort un fusil sur un sentier de chasse. À Perpignan, il expose les corps décharnés du Biafra.

Silence, puis applaudissements. Les spectateurs se dirigent ensuite vers le Café de la Poste, ce vieux bistrot central où le public, encore tout chose, se rue sur le bar pour se remettre une dose de gaieté dans le sang. J'observe ces gens se donner de grandes accolades. J'erre et entends des discussions où chacun se renvoie ses guerres en miroir. D'autres tables rondes de photojournalistes se forment, s'insurgeant contre les magazines qui consacrent trop de pages à des célébrités de pacotille, incapables de commander de vrais sujets.

Je me retrouve sous un vieux chêne avec mon demi et deux anciens de *Match*, Pierre et Thierry. Ils ont les gueules de ceux qui ont tout vécu et tirent sur leurs clopes comme de vieux sages. Il faut les entendre raconter leurs histoires folles et enivrantes. L'un est un ancien hippie, voyageur et ethnologue, l'autre un photographe capable de déplacer des grues pour une photo de groupe. Ils n'ont pas abandonné leur look du début, binocles ronds, cheveux longs et chemise kaki multipoche de baroudeur. Ils ont connu la grande époque de *Match*, celle où ils partaient loin, à la manière des explorateurs du Nouveau Monde, pendant des mois, avec une mallette de cash et aucun téléphone pour rendre des comptes aux chefs. Ils rient fort et ont le sourire des bons potes. Je passe une partie de la soirée avec ces oncles affectueux qui me font le récit de leurs plus grands faits d'ivresse à Perpignan. Eux ne sont pas là pour les courbettes, ils profitent et me donnent une bouffée d'air.

La soirée se termine. Thierry me prend par le bras, je le dépasse en taille et pourtant il baisse légèrement la tête, et me lance un regard en biais :

— Alors ma grande, tu nous as fait un beau coup.

32.

Mardi 10 septembre 2013, dès 9 heures, Port-Leucate

Les chiens ont marqué l'arrêt à plusieurs reprises. Tous les spectateurs ont suspendu leur respiration et sorti les pioches, prêts à découvrir les sépultures. En vain.

Les premières fouilles pour retrouver Marie-Josée et Allison prennent donc une dimension criminelle. Le 2 septembre, le substitut du procureur de la République Achille Kiriakides a requis l'ouverture d'une nouvelle information judiciaire pour assassinats. Le magistrat précise que « les circonstances du décès de Francisco Benitez, père et mari des victimes, ont également contribué à cette requalification de l'enquête ».

Même cette terre sablonneuse, couverte d'aiguilles de pin et de fourrés épais, ne peut déjouer le nez de ces huit malinois, springers anglais et bergers allemands capables de flairer le moindre cadavre. Issus du groupe national d'investigation cynophile de Gramat, ils sont entraînés, et redoutables.

Tee-shirts noirs recouverts de gilets pare-balles et jeans clairs, une douzaine d'enquêteurs de Perpignan et des militaires de l'Institut de recherche criminelle suivent, parfois équipés d'un radar géodésique. L'instrument sur roulettes se pousse comme un caddie, il étudie la composition du sol et permet de détecter l'éventuelle présence de corps.

Selon un quadrillage minutieux de 2,5 kilomètres de long, ils avancent sur cette bande de terre de 25 hectares entre l'étang et la mer, tout autour de la station d'épuration. Un sol sec, où rien ne pousse. C'est là que le téléphone de Benitez a borné plusieurs fois, après la disparition de Marie-Josée et d'Allison, notamment le 15, le 16, le 18 et le 25 juillet puis une dernière fois le 3 août. D'après l'étude de la téléphonie, il y passe parfois deux heures ou effectue juste un passage furtif de quelques minutes.

Des cyclistes et promeneurs s'y baladent souvent. Certains fouilleurs se disent qu'il aurait été bien difficile pour Benitez de se débarrasser des corps sans être vu, le 14 juillet encore plus. Mais c'est bien la seule piste qu'ils ont. La zone des terrains militaires ne semble plus envisagée par les policiers. Elle aurait été inspectée par l'armée, qui a ajouté dans son compte rendu que la zone est toujours surveillée et donc difficile d'accès, même pour un militaire de carrière. Traduction : circulez, il n'y a rien à voir. Il faut éloigner les projecteurs de chez eux.

La brigade cynophile, très demandée, ne restera que deux jours, après les chiens partiront sur une autre enquête. Si cette piste, la plus sérieuse, ne donne rien, il ne restera plus que la station d'épuration. Les plongeurs de l'unité d'investigations subaquatiques ont déjà effectué une rapide reconnaissance pour le cas où ils seraient mis à contribution. Les enquêteurs l'envisagent sérieusement, mais l'opération nécessite des scaphandriers pour plonger à l'intérieur ou bien de vider complètement la cuve, ce qui perturberait le traitement des eaux des environs. La PJ a fait une demande de budget mais n'y croit que mollement. « C'est bien la première fois qu'on a l'auteur avant les corps », murmure-t-on chez les enquêteurs de Perpignan.

33.

Jeudi 19 septembre 2013, 9 heures, Barcelone

Magdalena se transforme en obsession. Il faut absolument raconter une histoire autour de cette photo du 12 juillet. Sans aucune explication du contexte, ni même une simple légende, le document n'a aucune valeur. J'apprends que c'est une des règles les plus importantes en journalisme, surtout à *Match* où la photo tient une place aussi importante que le texte.

Marie revient. Avec elle, je m'installe au pied du consulat français. L'une à côté de l'autre, assises en terrasse, on croirait deux petites vieilles prêtes à commenter le spectacle de la rue. Je m'attends à voir Magdalena débouler à tout moment. Je saurais facilement la reconnaître. La méthode nous paraît plus douce que le porte-à-porte dans sa rue.

Plusieurs heures passent. Marie comble les blancs et échafaude un conte maléfique. Elle imagine la maîtresse vengeresse et le mari tueur.

— « Les liaisons dangereuses » ou encore mieux, « Les amants diaboliques » !

Elle tient déjà son titre et imagine Magdalena en héroïne de film policier.

— Ce ne serait pas la première fois qu'une amante s'implique dans le meurtre de l'officielle !

Marie a cette capacité, presque enfantine, de s'inventer un monde. Je crois n'avoir jamais rencontré quelqu'un comme elle.

— La Magdalena ne va jamais accepter de nous parler. Elle est mariée, le mari doit être ravi d'apprendre par la presse qu'il est trompé. Tu l'imagines en interview, toi ? Et si elle a participé aux crimes ! C'est du fantasme !

Plus terre à terre, je dresse la liste de tous les participants au dîner du 12 juillet, présents sur la photo récupérée la semaine dernière. Lorsque je ne trouve pas leur ligne directe sur l'organigramme du consulat ou sur les pages jaunes espagnoles, je les contacte sur les réseaux sociaux. Je m'active, sans réelle conviction.

J'attends. Mes yeux errent sur le flux discontinu de taxis jaune et noir. On s'enlise. Finalement, nous reprenons la route vers le domicile de Madgalena.

Le voisin d'en face, celui à la gueule patibulaire, nous épie du haut de sa fenêtre. Marie confirme l'étrangeté du bonhomme, qu'elle a aussitôt surnommé « Treiber [1] ».

Parce que nous sommes deux, je me décide et sonne chez Magdalena. Je n'ai pas plus tôt enfoncé le bouton qu'elle ouvre. Il me faut quelques secondes pour réaliser qu'elle est là, présente devant moi, après tant de tentatives échouées.

Elle comprend qui nous sommes au premier regard échangé. Elle m'impressionne, ou bien est-ce ce face-à-face qui me trouble ? Je me présente en français. Cette

1. Jean-Pierre Treiber, dit « l'homme des bois », accusé du double assassinat de Géraldine Giraud et Katia Lherbier.

langue lui est familière. Sans hésitation, elle répond qu'elle est gênée, son mari pourrait rentrer à tout moment et ses filles sont à l'intérieur. Je chuchote. Je lui parle de cette photo du 12 juillet. Marie l'informe que la rédaction souhaite la publier, avec ou sans son accord. La méthode est directe, mais honnête.

— Faites ce que vous voulez, répond-elle d'une voix lasse.

Sa réaction nous désarme. Je m'attendais à plus d'agressivité. Elle ne semble pas énervée, je dirais plutôt qu'elle a l'air abattue. Finalement, qu'est-ce qui pourrait lui arriver de pire après la mort de son amant ?

Elle accepte de me donner son numéro de portable à condition qu'on ne traîne plus dans la rue. Je note scrupuleusement la suite de chiffres sur mon carnet.

Avec fermeté mais sans éclat de voix, elle nous signifie que maintenant, elle veut nous voir déguerpir. On s'exécute.

Sur le chemin du retour vers Barcelone, je m'interroge, perplexe. Comment peut-elle accepter qu'un journal publie la preuve de son adultère ? Le soir même, je lui renvoie un message.

« Magdalena, merci pour votre gentillesse, nous nous excusons d'être venues jusque chez vous. Nous pensions pouvoir nous entretenir avec vous sur cette triste affaire. Vos paroles auraient peut-être pu permettre de comprendre qui Francisco était réellement. Si vous voulez nous rencontrer vous pouvez nous joindre à tout moment. Prenez soin de vous »

Marie m'a appris à toujours ajouter une délicatesse en fin de missive. Mais Magdalena ne répond pas.

Il faut continuer nos recherches. Le lendemain, on décide de se rendre au siège de son employeur à Barcelone. Si le consulat ne parle pas, peut-être que d'autres personnes pourraient se montrer plus loquaces. Les bureaux se trouvent dans une zone industrielle en bordure de la ville, dans un enchevêtrement de grands cubes en verre fumé. On détonne un peu dans cet environnement de costumes sombres. À la réception, une hôtesse, seule dans une pièce aux allures de hall de gare, a du mal à comprendre notre démarche. Elle tape sur les touches de son téléphone et tente de nous trouver un interlocuteur.

Finalement, deux hommes, un petit et un grand, se présentent. Dans mon espagnol hésitant, je leur explique qu'on cherche à parler au supérieur de Magdalena. L'affaire Benitez, qui ébranle la France, met en lumière des dysfonctionnements pouvant menacer la sécurité d'un consulat français. Avec un tel argument, notre démarche devrait être prise au sérieux. Ils nous répondent qu'ils ne peuvent rien dire et que, de toute façon, ils ne savent pas grand-chose. Une fois de plus, je laisse mes coordonnées. Au cas où… Mais il faut bien nous rendre à l'évidence, notre démarche est un échec.

Je me retrouve avec Marie dans les rues de Barcelone. Entre deux virées shopping et manucure, on tente d'imaginer une nouvelle stratégie. Pas de nouvelles du journal, on nous laisse mariner.

Alors que Marie vient de perdre 50 euros dans une machine à sous du bar proche de l'hôtel, je reçois un message. L'auteur se présente comme l'un des deux hommes que nous avons croisés au siège de l'entreprise de sécurité dans l'après-midi. Il dit avoir des éléments sur Magdalena, il propose de nous rencontrer.

Le lendemain, nous sommes en avance sur le point de rendez-vous, devant un grand magasin, El Corte Inglès, les Galeries Lafayette locales. Un type se présente, c'est bien l'un des deux chefs de la veille, le petit. Marie lui trouve une ressemblance avec Tom Cruise, avec quelques kilos en plus et un léger duvet blond sur les oreilles. Je ne sais pas encore ce qui le motive. Il raconte.

— C'est en 2008 que la société a recruté Magdalena et l'a affectée à ce poste au sein du bâtiment administratif sur lequel flotte le drapeau tricolore. Prestataires du consulat, nous lui avons tout naturellement attribué cette affectation parce qu'elle est parfaitement bilingue français-espagnol. Elle est qualifiée pour ce travail, d'autant plus qu'elle détient un droit de port d'arme. Quant à ses états de service, ils sont irréprochables.

Bref, rien à redire sur sa vie professionnelle. Il va falloir creuser, faire craquer ce vernis. Notre interlocuteur hésite, puis se lance. La description de l'employée modèle dérape, la voilà qui se mue en une sorte de marquise de Merteuil, séductrice et manipulatrice.

— Elle ne passe pas inaperçue avec ses collègues, notamment avec Tonio, un grand gaillard au crâne rasé chargé d'assurer la protection du Camp Nou lors des grandes rencontres du FC Barcelona.

Il n'est pas rare qu'après sa semaine de travail passée au consulat, qui chaque mois lui rapporte 1 500 euros, Magdalena accepte une mission dans l'enceinte du stade pour arrondir ses fins de mois.

— Parmi les quatre-vingts vigiles sous les ordres de Tonio, elle se distingue. La complicité entre le supérieur et Magdalena fait jaser. On les voit rire, plaisanter, prendre un café en tête-à-tête. Il se raconte qu'ils étaient plus que des collègues… Elle a bien le droit de faire ce qu'elle veut, elle est veuve, non ? interroge le petit chef.

Avec Marie, on lui fait répéter plusieurs fois le terme :

— Veuve ?

On a du mal à comprendre.

— C'est ce qu'elle disait, assure le responsable.

Pourquoi invente-t-elle cette histoire ?

Au printemps 2013, elle s'est confiée à quelques collègues : Magdalena est amoureuse. Telle une midinette, elle affiche sur son portable la photo de Francisco, son « amor ».

Je me demande si elle n'a pas refusé les avances de notre petit chef et si nous ne sommes pas en train de nous faire manipuler. Il faudra tout vérifier auprès d'elle. Un entretien avec Magdalena est indispensable.

— Pourquoi nous raconter tout ça ?

— Parce qu'il y a quelques éléments troublants dans l'emploi du temps de Magdalena depuis le début de cette affaire Benitez (il a lu et traduit les articles sur Internet). Le 17 juillet par exemple, Magdalena appelle au siège et insiste pour avancer ses congés. Elle voulait partir sur-le-champ en vacances anticipées. Elle n'a pas donné de raison particulière. Je lui ai refusé, on ne peut pas changer comme ça les plannings du jour au lendemain.

Je fais rapidement le lien. C'est ce même jour, le 17 juillet, que Benitez demande de l'aide à un ami légionnaire pour charger dans une fourgonnette le congélateur familial [1]. Les pièces du puzzle s'assemblent dans nos têtes.

Il poursuit.

1. Cf. déposition du 7 août 2013, chapitre 20.

Le 22 juillet, à 6 h 35 du matin, l'entreprise reçoit l'appel d'un homme à l'accent bizarre, prétendant être le mari de l'employée Magdalena : « Elle a une angine et ne pourra assurer son service au consulat. » Cet appel matinal ne manquera pas d'intriguer ses supérieurs. La conversation téléphonique est consignée dans des registres de présence. Il nous présente le grand livre. Je recopie intégralement l'échange.

Mais qui donc est ce mari tombé du ciel pour la jolie veuve ? L'officiel ? Benitez ? Ou quelqu'un d'autre ?

Elle n'effectuera pas le service programmé au consulat français de 8 h 45 à 17 h 45. Elle ne se présentera à son travail que trois jours plus tard, le 25 juillet, munie d'un justificatif.

Le scénario de Marie se confirme.

— Il s'est suicidé pour sauver sa maîtresse complice, me dit-elle avec un regard appuyé, sans même se cacher de notre interlocuteur.

On le quitte, totalement perturbées. Aussitôt, avec l'assurance d'un maître chanteur, je tente d'envoyer un nouveau stimulus à Magdalena.

« J'ai des éléments troublants qui vous impliquent vous personnellement à partir du 22 juillet. Je souhaite vérifier ces éléments. »

Si elle a participé à quelque chose, elle va tilter. Je ne sais pas où le curseur de l'intimidation se situe, mais je ne la lâcherai pas.

Elle répond qu'elle préfère garder le silence. Je lui renvoie que ce n'est pas une défense suffisante. Je veux respecter une certaine déontologie, qu'elle précise ou contredise toutes ces informations lourdes de suppositions. Elle refuse encore.

Nos échanges deviennent réguliers et quotidiens. Elle va flancher. J'apprivoise l'animal traqué. La fréquence de mes contacts me permet d'occuper le terrain. Je sais qu'elle me lit.

Pendant plus de dix jours, je navigue entre Barcelone et Perpignan en compagnie de Marie. Le journal semble nous avoir oubliées, je repousse quotidiennement le billet de retour à Paris pour, finalement, l'annuler.

J'appelle l'avocat des parties civiles, en particulier celui de Laura, maître Philippe Capsié. Je n'ai aucune nouvelle de la belle-fille de Benitez depuis la parution de son interview. L'enquête s'est transformée en information judiciaire pour assassinats, et Marie s'inquiète pour Laura. Elle a pris notre article comme une morsure et refuse tout contact. Son avocat accepte de nous recevoir. Cette rencontre est d'autant plus précieuse qu'il a accès au dossier d'instruction, et donc aux dépositions de Magdalena.

Dans le bureau moderne de l'avocat, aux stores baissés, Marie lui sort le grand jeu, tente de l'amadouer en l'invitant à la plus belle table de Perpignan, même celle de la Villa Duflot s'il le souhaite. Il sourit. En homme intègre, il décline la proposition. Il nous voit venir et nous rappelle le secret de l'instruction. Il reste extrêmement courtois, mais on sent qu'il aimerait bien nous congédier. Marie évoque alors cette maîtresse espagnole qui nous intrigue. Il sourit à nouveau.

On évoque le fait que Benitez aurait été aperçu à Leucate en compagnie féminine.

— À l'endroit même où les policiers fouillent ? se demande Marie à haute voix.

Je le sais, elle est convaincue qu'il s'agit de Magdalena. Il nous laisse fantasmer.

On sort tout juste du rendez-vous lorsqu'une nouvelle bombe tombe. Selon la presse quotidienne régionale, Magdalena aurait dormi au domicile conjugal de la rue Richepin.

« Cinq jours après la disparition de sa fille et sa femme, le 14 juillet dernier, Benitez a fait venir à Perpignan la quadragénaire avec laquelle il entretenait depuis plusieurs mois une relation amoureuse. Interrogée courant août en Catalogne, où elle vit, cette femme blonde a confirmé aux policiers avoir passé la nuit du 19 juillet avec le légionnaire, dans l'appartement familial.

« Détail troublant : elle y a remarqué une odeur nauséabonde, venant de la fenêtre des toilettes. "Laisse-la fermée, ça vient des poubelles des voisins", lui a répondu en substance son amant, qui n'était visiblement pas gêné de l'accueillir dans l'appartement conjugal, pour une ultime nuit commune [1]. »

C'est exactement ce qu'on imaginait. Elle doit savoir des choses. Je m'attends à ce qu'elle soit mise en garde à vue à tout moment.

À force de travailler mes contacts à Perpignan, je finis par décrocher un rendez-vous avec le commissaire de la PJ. Je retourne donc dans leurs locaux, accompagnée cette fois de Marie. Je découvre dans les bureaux les photos des autres disparues de Perpignan, celles de la gare [2]. Un

1. Article de *L'Indépendant* en date du 27 septembre 2013.

2. Affaires de disparitions et de meurtres de jeunes filles autour de la gare de Perpignan entre 1995 et 2001. En 2015, Jacques Rançon sera confondu par la génétique et avouera ses crimes.

dossier non résolu depuis trente ans, qui s'apprête à faire les grands titres. Cette affaire me ramènera dans la région, plusieurs années après.

Le commissaire a accepté de nous recevoir par simple curiosité. Il voulait voir de quoi j'avais l'air. Il s'est imaginé des choses sur mon compte, je le sens. Entre autres, que je connaissais Benitez avant l'histoire, ou qu'il m'avait repérée sur Internet avant de me donner une exclusivité. Je le recadre.

L'échange n'a rien de fluide. Il nous jauge et je sens bien que Marie n'est pas la plus à l'aise avec ce genre de personnage. Je tente de sauver l'entretien et fais part de nos trouvailles sur la maîtresse espagnole.

— Si elle savait quelque chose pour les meurtres d'Allison et Marie-Josée, pourrait-on la qualifier de complice ?

— Elle risquerait dix ans pour non-dénonciation de crime, réplique le flic.

Il ne semble pas ému plus que ça par nos hypothèses. Marie demande un coup de pouce, une mise en contact, une aide quelconque.

— Elle ne veut rien entendre. Qu'est-ce que vous feriez à notre place ?

— Proposez-lui de l'argent, lance-t-il.

Marie fait la moue. Le type est cynique. Il va bientôt être muté, il le sait, Benitez n'est pas une affaire qu'il pourra clôturer. Il laisse le dossier pour le prochain commissaire et lance :

— L'enquête devra davantage s'orienter sur le parcours de Benitez, reprendre toutes ses affectations, vérifier les avis de disparition et chercher d'autres victimes dans son parcours.

En somme, le quota de disparues ne serait pas atteint. C'est la « théorie du chiffre inconnu », que l'on applique dans d'autres histoires de tueurs en série. Afin de connaître le parcours criminel complet, c'est-à-dire le nombre de meurtres du tueur en série, il est nécessaire de dresser une biographie précise et complète avec l'identification de toutes les adresses où le tueur a résidé, ses activités professionnelles et même ses déplacements. Sans cette étude exhaustive, les enquêteurs ne peuvent pas établir formellement le compte exact de victimes, c'est en particulier le cas pour Michel Fourniret.

La possibilité que d'autres femmes aient disparu dans l'entourage de Benitez me désespère, j'ai l'impression que je n'arriverai pas à refermer le dossier tant que je n'aurai pas tout découvert. Je n'ai aucun moyen de le prouver, ce serait à la PJ de faire les vérifications nécessaires et de pointer toutes les disparitions inquiétantes qui pourraient correspondre avec la présence de Benitez selon ses mutations, ses missions, ses différents domiciles, etc.

Je croyais avoir tout anticipé, un final avec la maîtresse dans le rôle de la complice amoureuse, mais voilà que ce commissaire replace Benitez dans le rôle du monstre.

La belle affaire. Nos *a priori* sont complètement remis en question. Peut-être que nous nous sommes trompées et laissé abuser par des théories farfelues. Un peu exaltées, nous avons fini par perdre Benitez de vue.

Magdalena s'est peut-être laissé entraîner dans ce drame sans le vouloir. Je lui écris.

« Nous avançons dans notre enquête et nous irons jusqu'au bout. Vous n'êtes pas coupable, forcément victime [1]. »

1. Message en date du 28 septembre 2013.

Deux jours passent sans réponse de sa part. Puis, le 30 septembre, à 13 h 06, mon téléphone vibre :

« Bonjour madame, je peux vous appeler ? »

Elle accepte un rendez-vous le soir même, à 18 heures, devant chez elle.

Juste avant de passer la frontière, j'envoie un e-mail au secrétariat de mon école de journalisme.

« Je suis souffrante depuis hier soir, cela ne va pas mieux aujourd'hui, du coup je ne pense pas pouvoir venir demain matin pour la rentrée.

« Merci de prévenir les directeurs, si vous le pouvez. »

Le temps de terminer le reportage, je me fais porter pâle. Je suis trop proche du but.

34.

Lundi 30 septembre 2013, 18 heures

Magdalena se tient devant sa porte. Elle nous indique de la main qu'elle va monter dans sa voiture et qu'il va falloir la suivre. Nous roulons pendant une dizaine de minutes. Des échangeurs d'autoroute, des prostituées qui se protègent du soleil avec des parapluies, un paysage de banlieue. Enfin, elle se gare devant une zone commerciale. Magdalena descend de voiture et se dirige vers l'une des tables rondes de la place publique. Elle s'assoit sur un tabouret scellé au sol et nous attend.

Magdalena est de ces femmes qui attirent le regard. Le face-à-face s'installe. Les coudes sur la table, elle joint les doigts et serre les poings devant sa bouche. La tension de ses muscles se voit à l'œil nu, jusque dans la cambrure de sa nuque. Je me dis que ce n'est pas une femme fragile. Elle dégage une force que je n'avais pas imaginée.

Quelle partition va-t-elle jouer ? Je reprends ma liste de questions griffonnée sur une feuille A4.

— Parlez-nous de votre rencontre avec Francisco Benitez.

— J'étais vigile au consulat de France à Barcelone, la première personne que rencontre un Espagnol aspirant à entrer dans la Légion étrangère. Francisco Benitez m'a d'abord envoyé un e-mail pour que je diffuse les prospectus destinés aux volontaires. J'ai dû éveiller sa curiosité. Il a consulté mon profil sur Facebook, et au début du mois d'avril 2013, il est venu de Perpignan pour me rencontrer.

— Votre histoire d'amour a commencé à ce moment-là ? demande Marie.

— On ne peut pas parler d'une histoire d'amour, c'est trop bref. Nous éprouvions une attirance réciproque, nous cherchions à nous connaître, mais nous n'étions que des amis.

Elle veut nous convaincre d'une amitié amoureuse qu'elle prétend exempte de relations sexuelles.

— Vous auriez parlé de lui comme étant votre « amor » en montrant une photo de Francisco Benitez sur votre téléphone..., réplique Marie.

— C'est un mensonge. Je suis mariée et mère de deux enfants. Je ne prendrais pas un tel risque. Jamais je n'ai affiché la moindre photo de Francisco sur l'écran de mon téléphone.

Je me dis que sa réaction est humaine, elle peut nous mentir pour sauver les apparences et son mariage.

— Selon d'autres témoins, vous prétendiez être veuve et projetiez de vous marier avec Francisco Benitez ?

— C'est encore un mensonge. Ce n'est pas au bout de trois mois que j'aurais pu imaginer quitter mon mari et mes enfants pour refaire ma vie avec un homme que je connaissais à peine. Cette histoire de veuve est une blague que j'ai lancée un jour pour éloigner des hommes trop entreprenants.

Elle sait parfaitement à qui elle a dit ces mots. Elle se rend compte qu'on a eu accès à des informations embarrassantes. Elle me regarde avec défiance, qu'est-ce qu'on a de plus sur elle ?

Je suis mon canevas et l'interroge comme la PJ a dû le faire quelque temps plus tôt.

— Saviez-vous que Francisco Benitez était marié ?

— Il m'avait fait comprendre que ça n'allait pas bien avec sa femme, mais il ne s'étendait pas sur sa vie conjugale quand nous étions ensemble. À l'inverse, à chacune de nos rencontres, il parlait sans arrêt de sa fille, Allison, avec tendresse et admiration.

— Savait-il que vous étiez mariée ?

— Bien sûr. Au mois de mai, à l'occasion de la fête de sainte Rita qui se déroule dans la rue de mon village, je l'avais invité en toute amitié ainsi que sa femme et sa fille. En fait, il est venu seul. Je ne cachais pas notre relation amicale.

Je repense à la voisine qui m'a dit, comme si c'était une évidence, que je venais pour Paco. Je fixe Magdalena. Marie reprend la main :

— Vous étiez heureuse en mariage ?

— Je me suis mariée à l'âge de dix-huit ans et deux ans après, j'ai eu ma première fille. Comme beaucoup de couples, au bout de vingt et un ans de vie commune, l'habitude et la routine l'emportent sur la passion.

— Qu'est-ce qui vous a séduite chez l'adjudant-chef Francisco Benitez ?

— C'était un homme agréable. Il avait belle allure et un sourire ravageur. Il se montrait très attentionné avec moi et avec tous ceux qu'il côtoyait. J'avoue qu'il me plaisait.

Il peut la comprendre lorsqu'elle évoque ses rêves déçus d'intégrer la police. Déjà charmé et conquis, il lui raconte sa carrière de militaire et ses missions à l'étranger, les plus valeureuses et exotiques. Entre les deux, le courant passe.

— Lui à Perpignan, vous à Barcelone, où vous rencontriez-vous ? On connaît bien la route maintenant, ce n'est pas à côté, continue Marie.

— Vous devinez que nous ne nous retrouvions pas tous les jours, mais nous nous téléphonions et échangions beaucoup. Je travaillais toute la semaine et veillais à l'éducation de mes filles. Le vendredi, Francisco venait déjeuner avec moi dans le bar situé en face du consulat. Ensuite, il rentrait en France.

Notre enquête nous a permis de savoir que Benitez ne se souciait guère des caméras de surveillance qui enregistraient ses irruptions dans le sas de la jolie vigile. Elle réfute ces allégations, elle n'a pas le droit de laisser un étranger pénétrer dans cet espace hypersécurisé. S'il s'avérait qu'elle l'ait réellement laissé entrer dans le sas, elle risquerait de perdre son emploi. Elle espère reprendre son poste dans quelques semaines, lorsqu'elle sera remise de toutes ces émotions : depuis le suicide de Benitez elle s'est mise en arrêt maladie.

— Ce sont les seuls moments que vous partagiez ?

— Nous avions pu nous retrouver à Paris, une seule fois, pendant quelques heures. J'étais le garde du corps d'une personnalité, en mission. Francisco avait fait le déplacement, il devait voir des amis.

Son témoignage concorde avec les informations que nous avons récoltées. Nous lui parlons de la photo. De cette soirée avec les collègues du consulat. Elle se demande bien qui peut être le malintentionné qui nous a remis ce document.

— Avec deux jours d'avance, on célébrait la fête nationale française dans les jardins du Palau Robert à Barcelone. Mon mari ne parle pas le français, il n'a pas voulu y aller. J'ai pensé que Francisco serait heureux de m'accompagner. La soirée s'est poursuivie sur la terrasse d'un hôtel. Nous y avons pris un dernier verre avec des collègues. À la fin, chacun est rentré chez soi.

On évoque les sentiments de Francisco. Benitez se projetait dans une vie de couple avec elle. Pour la première fois, il avait confié à sa belle-fille, Laura, qu'il avait rencontré quelqu'un.

— Il était fou d'amour pour vous, lâche Marie.

— Nous étions bien ensemble, nous ne nous posions pas plus de questions. Pour ma part, c'était la première fois que je pensais à un autre homme que mon mari. Ce sera la dernière…

Elle ne sait pas comment cet homme a réussi à prendre une telle place dans sa vie, poursuit-elle sèchement. Elle s'est mise toute seule dans cette situation. Elle parle d'une malencontreuse bêtise. Elle s'en veut. Chaque mot utilisé montre une extrême prudence, une méfiance à notre endroit. Comment faire ? Je contrôle le timbre de ma voix et quitte le terrain de l'intime pour revenir au factuel.

— Quand avez-vous appris que Marie-Josée et Allison avaient disparu ?

— Le 14 juillet. Francisco m'a dit que sa femme et sa fille venaient de partir pour Toulouse. À l'entendre, ce n'était pas la première fois que Marie-Josée lui faisait le coup. Il ne s'inquiétait pas plus que ça.

— Êtes-vous la femme qui accompagnait Francisco à Port-Leucate après le 14 juillet ? l'interroge abruptement Marie.

— Non. Je ne suis jamais allée à Port-Leucate avec lui.

Quelque chose me dit qu'il devait y avoir d'autres Magdalena dans la vie de Benitez. J'échange un regard entendu avec Marie.

— Le vendredi 19 juillet, vous le rejoignez à son domicile conjugal, rue Richepin ?

— C'est vrai. J'ai passé la nuit à l'appartement.

Elle nous sent perplexes.

— Je n'étais pas tranquille, je craignais de voir sa femme débarquer. Mais il m'a rassurée en prétendant que Marie-Josée et Allison ne rentreraient que le lundi suivant.

— Deux jours auparavant, le 17, Francisco et un ami légionnaire ont transporté le congélateur familial à la caserne. Francisco l'a nettoyé à l'eau de Javel. Vous en a-t-il parlé ?

— Non. Il ne m'en a rien dit.

— Des traces du sang d'Allison seront plus tard découvertes dans le conduit d'évacuation de ce congélateur. Dans l'appartement, avez-vous remarqué quelque chose d'anormal ?

— C'était la première fois que je venais dans cet appartement. Je me souviens d'une forte odeur de poubelle, qui provenait de chez les voisins. Rien de plus.

Elle a réponse à tout, son récit se tient.

— Francisco Benitez signale les disparitions le lundi suivant, le 22 juillet. Vous le côtoyez à ce moment-là ?

— Nous n'avons pas eu l'opportunité de nous revoir après le 19 juillet.

Je me demande comment le vérifier. J'imagine la stratégie des enquêteurs, il faudrait que la police utilise la géolocalisation de son téléphone, ce qui implique de demander une collaboration judiciaire avec l'Espagne.

— Vous informe-t-il de sa démarche ?

— Oui, par téléphone. Je devine son inquiétude. Mais je suis rassurée parce que je sais que sa belle-fille, Laura, est présente à ses côtés.

— Avez-vous alors pensé rejoindre votre ami pour le soutenir ?

— Je sentais qu'il était au plus mal, chaque jour un peu plus. J'étais prête à demander un congé pour l'épauler et entreprendre avec lui les recherches. Je ne l'ai pas fait, mais j'ai tenté de le réconforter, au quotidien, au téléphone.

Il faut en venir à son ressenti. Il n'a aucune valeur judiciaire mais cela me paraît important d'avoir son sentiment. En reprenant cette question, je redoute sa colère.

— Vous êtes-vous posé des questions sur le rôle que Francisco Benitez aurait pu jouer dans ces disparitions ?

Elle s'est plusieurs fois repassé le film, elle n'a rien trouvé dans sa mémoire qui la mettrait sur cette piste.

— Pas un seul instant je n'ai imaginé cela. Je connaissais Francisco depuis peu de temps, mais ça ne m'a même pas effleurée.

Elle a choisi de le croire.

— Même quand les traces d'ADN sont mises au jour lors de la perquisition de l'appartement ?

— Tout cela me semble inimaginable. Pour moi, Francisco n'est pas un meurtrier. Ça ne colle pas avec l'homme que j'ai rencontré.

Le doute ne s'est pas encore infiltré dans son esprit. C'est un homme normal, pas un fou, pas un monstre. Elle l'aurait senti. Elle ne l'aurait pas approché. Les larmes perlent et coulent sur ses joues. Elle continue de le défendre, elle n'a pas pu se faire avoir.

— Les soupçons pèsent sur lui. La veille de son suicide, vous passez du temps avec lui au téléphone.

— Contrairement à ce que j'ai lu dans les journaux, nous n'avons pas passé ensemble deux heures au téléphone. À ce moment-là j'étais en vacances chez mes parents et je ne pouvais pas m'attarder.

Un voile de douleur trouble le regard de Magdalena.

— Que vous a-t-il confié ?

— Il était 1 heure du matin. Il m'a encore fait part de son désarroi. Il pleurait. Il répétait que sa fille était tout pour lui et que ceux qui le connaissaient savaient combien il l'aimait. J'ai alors eu peur pour lui, j'ai pressenti son geste. Mais qu'est-ce que je pouvais faire ? J'étais loin, impuissante.

— Le 5 août, Francisco Benitez se suicide. On le découvre pendu dans la caserne Joffre. Comment l'apprenez-vous ?

— Une amie, en France, qui savait que nous étions liés, m'a prévenue. J'ai immédiatement appelé sa belle-fille, Laura, pour lui dire toute ma tristesse. Je me suis effondrée et j'ai dû avouer ma bêtise à mon mari. Il est très présent à mes côtés et préfère laisser passer du temps pour parler sereinement de cette histoire. Nous verrons alors comment les choses évoluent entre nous.

Elle parle d'une bêtise pour minimiser sa relation avec Benitez, elle sent bien qu'elle a du mal à nous convaincre.

— Avez-vous reçu une lettre posthume, quelque chose de Francisco Benitez ?

— Je n'ai reçu aucun courrier… Je me pose sans cesse les mêmes questions. Je n'aurai sans doute jamais les réponses. Je ne peux pas m'expliquer pourquoi il aurait tué sa fille qu'il adorait. Pourquoi il s'est donné la mort. Je culpabilise de l'avoir laissé seul. Si j'avais été là, peut-être aurait-il renoncé à se donner la mort. Enfin, je ne sais pas…

J'ai fait le tour de mes questions. Nous avons ses réponses. Elles ne correspondent pas au scénario que nous avions imaginé d'une maîtresse complice. Je garde un goût étrange de cette rencontre. Magdalena ne dit certainement pas toute la vérité, mais je n'ai décelé chez elle aucun indice de culpabilité. Il nous faut partir maintenant. Nous la laissons là, recroquevillée, seule, sur sa peine.

35.

Mercredi 2 octobre 2013, 9 heures, Paris

Encore sous le coup de l'interview de Magdalena, j'arrive aux abords de la fac, rue d'Assas, en pleine décrue d'adrénaline. Je me retrouve devant l'imposant édifice moderne. Ce lieu impersonnel, aux allures de hall d'aéroport, m'a toujours donné le sentiment d'être réduite à mon matricule d'étudiante. Le temps est triste et gris, le décalage me paraît abyssal après la douceur et les couleurs chaudes de Barcelone.

— Tu l'as payé combien, ton légionnaire ? m'interpelle l'un des élèves.

Il faut y aller, pourtant. Reprendre les cours et la vie d'avant. Avant Benitez. Cet été m'a ébranlée plus que ce que je pensais. C'est étrange de tout arrêter, de laisser ces gens dans leur malheur et de me retrouver dans ce monde protégé. J'ai rempli les pages du journal, vécu à mille à l'heure le moindre rebondissement pour décélérer d'un coup sec. Je dois terminer ma deuxième année de master. Je n'ai pas le choix, la direction de mon école n'a pas accepté d'aménager mon temps, « par souci d'équité » m'ont-ils dit. Après avoir pesé le pour et le contre – lâcher mon école et entrer dans la vie active, ou aller jusqu'au bout de mes études –, je me persuade qu'il me faut ce dernier diplôme ; j'ai trop cravaché pour réussir les concours pour m'arrêter si près du but. Un an, ce n'est rien quand on y pense.

Je prends une profonde inspiration et j'entre dans la salle de cours, blanche du mobilier jusqu'au plafond, et me dirige vers la rangée de Mac. Tout est propre, presque clinique.

Dans cette classe, la plupart d'entre nous ne deviendront jamais journalistes et finiront profs ou communicants. C'est statistique, les directeurs nous le rappellent à chaque rentrée. Une tension qui devrait nous pousser à donner le meilleur de nous-mêmes. La pression fonctionne sur moi, je veux y croire.

En veste écossaise et mèche hirsute, l'intervenant du jour fait l'appel. Rien d'anormal. Il s'interrompt à la lecture de mon nom et me remercie d'être présente.

— Racontez-nous ce fait divers qui vous a tenue en haleine et éloignée de nous.

J'ai loupé la rentrée et il n'a pas apprécié.

Au regard un rien ironique de ce sociologue du journalisme, je sens que mon affaire n'est rien que du chien écrasé sensationnaliste. C'est en tout cas l'idée que l'on se fait du fait divers en école de journalisme. Il pense à l'employabilité de ses étudiants et conseille de s'orienter vers des spécialités telles que l'économie ou l'immobilier pour espérer trouver un poste dans une rédaction, tout le contraire de l'école *Match*.

Face à lui, mes mots ne sortent pas si facilement. J'ai l'impression qu'il force ma confession. Devant ces têtes pourtant familières, je me liquéfie. C'est incontrôlable, ma voix chevrote. Je n'ai plus de salive. Je ne suis pas sortie indemne de tout ça. Je tente d'aller au bout de mon histoire, mais le prof met bientôt fin au supplice et reprend le cours. Je pense qu'en fait ça ne l'intéresse pas vraiment.

— Cette semaine, le thème du séminaire sera « les sources ». Alors, carnet d'adresses numérique ou papier, avez-vous réfléchi à la question ?

La tentation de fuir est grande. Tout paraît dissonant avec ce que je viens de vivre. J'ai obtenu le titre de pigiste à *Match* et la seule idée de retrouver la rédaction me fait tenir. C'est comme un sentiment de manque. C'est décidé : avec ma première pige payée, je m'achète un scooter ! Un Vespa bleu nuit 50 centimètres cubes, neuf. J'arriverai plus vite à Levallois.

À la moindre alerte du fil AFP, je me mets à tousser, prise d'un fulgurant état grippal me renvoyant chez moi pour quelques jours, le temps de pondre un nouveau papier. J'appréhende un peu le jeudi, jour de sortie du magazine, lorsque les profs auront sous les yeux la signature de l'envoyée spéciale…

Partir en reportage, c'est un peu comme monter sur scène. Avant le départ, j'ai peur et j'ai l'impression d'être incapable. Sur le terrain, je me mets en retrait du quotidien. Sans routine ni horaires, je me sens revivre.

La moindre après-midi libre, je traîne au journal. Je trouve toujours un bureau disponible. Je suis en pleine opération d'infiltration. Aucun temps mort. Je prends tous les sujets, surtout ceux que personne n'accepte. Je file dans les gares ou les aéroports pour retrouver cette excitation qui me prend aux tripes. Je délaisse Benitez. La fermeture d'un abattoir de cochons en Bretagne, prémices du mouvement des bonnets rouges, le décès de Kate Berry à Paris dans le XVIe, le premier greffé du cœur, le moindre enfant disparu ou drame familial, et je me retrouve dans un Ibis au bout de la France. J'ai acheté une valise rouge à roulettes, taille cabine. Je me constitue un kit de reportage, toujours prête à partir. Une semaine chasse l'autre, je consacre rarement davantage de temps à une info. Je me prends quelques portes dans la figure, je tends des mouchoirs aux mères endeuillées et pose mon carnet à spirale sur des toiles cirées collantes. Les articles s'enchaînent mais n'emportent jamais complètement le souvenir de Benitez.

Je deviens excessive et exclusive à *Match*. Je ne vis que par et pour l'actualité, au détriment des cours et de l'école. Le téléphone toujours sous l'oreiller, je réponds aux appels de la chefferie dans la minute. Perpétuellement aux aguets, j'entends parfois des vibrations qui n'en sont pas.

Chaque semaine j'ai le même objectif, décrocher le scoop qui a échappé aux féroces BFM et *Sept à huit*. Les derniers reportages ont injecté dans mes veines le goût de la performance. J'entre dans une compétition permanente et compulsionnelle pour retrouver un sujet à la hauteur de Benitez. Je suis prise par cette addiction aux news et aux shoots d'adrénaline qu'elles me procurent. Je prends de plus en plus de pages, et de place. Je me transforme en bête asservie aux envies des rédacteurs en chef. Je m'oblige et m'exécute. De jour comme de nuit, je suis un bon soldat qui sourit. Ma dévotion agace, je le sens, mais c'est plus fort que moi.

J'ai une alliée : Danièle du service rewriting me prend sous son aile et m'encourage à écrire le plus souvent possible.

— Tiens un carnet de tes reportages, les journalistes à *Match* n'ont pas une vie ordinaire.

Je suis son conseil. Je conserve tous mes cahiers, classés par date, dans lesquels je note tout ce que je vois, comme un musicien fait ses gammes. Sur mon téléphone et sur mes carnets, j'écris des mots et des détails, je lis, je note encore des tournures de phrases, des idées. Je prends beaucoup de photos et les partage par message. Dans un flux continu, je raconte mes rencontres, mes départs en reportage et mes inquiétudes. Mes correspondances datées m'aident à retrouver la mémoire lorsque je me perds dans mes souvenirs.

À l'école de journalisme, Françoise, ma professeure de presse écrite et journaliste au *Monde*, nous enseigne l'art de peindre le quotidien. Consciencieuse, je décris et retranscris des scènes de rue, j'essaie de reconnaître les textiles des vêtements et d'identifier les effluves des parfums. J'observe et apprends à me fondre dans le décor. Selon Françoise, le bus est la meilleure école du portrait et les mots fléchés un excellent moyen de s'entraîner à trouver le mot juste.

36.

Un an après,
Juin 2014, Perpignan

Je prépare le premier anniversaire de l'affaire Benitez. Je retourne à Perpignan. Comme le fait la PJ, je reprends vingt-sept ans d'engagement dans la Légion en grattant et en tirant la moindre ficelle. Je me procure le dossier militaire de Francisco Benitez. Il faut remonter le temps, étaler les états de service, reconstituer le livret de matricule noirci par les récompenses, les médailles et autres distinctions.

Je creuse profond dans le passé, liste les formations et les opérations extérieures, je cherche à atteindre chaque strate de sa personnalité. À défaut de savoir ce qu'il se passe dans sa tête, je m'efforce de reconstituer les pans de sa vie jusqu'à l'amorce du drame.

Son nom : Francisco Javier Benitez Pulido.

Il naît le 13 décembre 1963 à Algésiras, en Andalousie. Il est le troisième fils d'une famille de cinq enfants installée à Ceuta, puis à Séville. De sa jeunesse on connaît une éducation chez les jésuites, dans un pensionnat de garçons plutôt de bonne famille. J'imagine qu'il a connu les dortoirs, l'éducation stricte et l'éloignement familial dès son plus jeune âge, comme une préparation à la vie de soldat.

Son père est infirmier, sa mère ne travaille pas et aucun de ses frères n'a porté l'uniforme. Pourtant, très jeune, la vocation s'impose. À peine majeur, Benitez s'engage dans les Forces armées espagnoles. Je retrouve les traces d'un passage chez les parachutistes et d'un permis de port d'arme.

De cette époque, ni palmarès ni distinction. Il n'a pas laissé de souvenirs au tableau d'honneur car il ne fait pas carrière en Espagne. Fin 1985, il se présente au poste d'information de la Légion étrangère de Marseille. Il a vingt-deux ans et mesure un mètre soixante-seize, un physique plutôt sportif. Il se dit étudiant et se porte volontaire pour devenir béret vert. La vague des Espagnols s'est tarie avec la fin du franquisme. Au moment où Benitez s'engage, les Slaves ont rejoint les rangs avec des militants irlandais, des hooligans britanniques interdits de stade, quelques Chinois et de jeunes recrues du Maghreb.

Je ne trouve aucune raison particulière à son engagement. Je lis des articles et des interviews sur les motivations types : l'argent, le prestige, la guerre, le passeport ou encore la deuxième vie. Par ces généralités, ils entretiennent l'opacité de leur monde. Je reprends les dispositions législatives encadrant le recrutement : « La Légion est une deuxième chance, elle accepte d'endosser le passé à condition qu'il lui soit connu. » La rédemption de cette armée renforce le mythe du légionnaire et ils le savent.

Je lui cherche une faute qu'il devrait absolument expier et me transforme en Javert. Benitez peut avoir avoué un passé trouble à l'officier recruteur, mais sa confession restera dans le secret. Les résultats de mes recherches sur son casier ne donnent rien. Il n'est pas connu des services de police, ni en Espagne ni en France.

Depuis peu, la Légion n'accepte plus ceux qui ont des crimes de sang sur les mains, s'il y a quelque chose à creuser, je n'obtiendrai rien.

Benitez rejoint les engagés volontaires à Aubagne au 1er Régiment étranger. Le 1er RE ne retient qu'un candidat sur huit. Benitez réussit les épreuves sportives, passe avec succès la visite médicale et les tests psychotechniques. Il est apte. Mieux : il a un potentiel.

Le 14 janvier 1986, après la séance réglementaire de tonte, Benitez, nuque rase, obtient son numéro de matricule, 172381, et signe son premier engagement pour cinq ans. Avec ce contrat, il épouse la Légion, perd sa liberté et s'oblige : « Honneur et fidélité pour la France. »

Parcours réglementaire de toute jeune recrue, il part ensuite à l'instruction rejoindre le 4e Régiment étranger à Castelnaudary. Benitez est un bon élément. Il apprend les cinq cents mots réglementaires, selon la méthode dite « Képi blanc [1] » d'apprentissage de la langue française. Benitez le sait, le français est le garant de sa promotion. Le vocabulaire qu'il retient est d'abord à usage militaire, pour comprendre les ordres. L'usage devient aussi nécessaire dans le civil : il doit savoir se débrouiller seul en dehors de la caserne.

Malgré la rudesse des rapports humains et la sévérité des instructeurs, la greffe Légion a tout de suite pris chez

1. Méthode d'apprentissage de la langue française basée sur la répétition, la démonstration visuelle et l'immersion. En quatre mois les apprentis légionnaires apprennent cinq cents mots.

Benitez. Les commentaires de ses supérieurs, plus qu'élogieux, lui promettent un bel avenir.

« Un sportif très doué, volontaire, d'une tenue impeccable. Benitez s'impose dans son commandement. Vif, intelligent et pratique. Doté du meilleur esprit légionnaire : loyal, robuste et compétent sur le terrain. »

Pour sa première mission à l'étranger, il est rapidement envoyé à Djibouti avec la 13e demi-brigade de Légion étrangère. Il a vingt-six ans, il part pour deux ans en poste, face à la Somalie. Il y passe le certificat de tireur d'élite. À l'examen, sa note plus qu'honorable de 15 sur 20 lui permet d'obtenir la mention bien et de viser des missions prestigieuses. À son retour en 1988, il devient caporal affecté au 2e Régiment étranger d'infanterie (REI) de Nîmes. Il a plus de sept cents mots de français dans son vocabulaire.

Dès l'année suivante, il passe sous-officier et rencontre Marie-Josée lors d'une soirée de permission alors qu'il fête, avec modération – il ne picole jamais à l'excès –, sa promotion. Souriant, il a fière allure dans sa chemise à trois plis.

À mesure qu'il réussit ses brevets, spécialité tireur d'élite toujours, ses formateurs lui prédisent le meilleur, un « excellent avenir de petit gradé ».

Il reste dix ans dans le 2e REI, en unité de combat. C'est un peu la grande époque pour le soldat Benitez. Il connaît toutes les campagnes militaires où la Légion est missionnée avec la Force d'action rapide. Dans mon carnet j'ai dessiné une frise chronologique sur laquelle je recense chaque opération. Il part à treize reprises : Koweït, Cambodge (Apronuc), Tchad (Épervier), République centrafricaine (Almandin II, Pélican II), etc. Autant d'épopées collectives où l'on s'habitue à vivre en retrait du monde, dans des lieux reculés, loin de ses proches.

Je reprends les fiches d'évaluation de Benitez, qui ressemblent à des entretiens de fin de mission avec des critères précis : maîtrise de soi, intelligence, autorité, ardeur au travail, dignité, etc. L'évolution du « petit gradé » est constante.

En 1993, il est promu sergent-chef. « Aisance, paternalisme et fermeté. Il participe à l'opération Force de réaction rapide de Sarajevo II. » À ce moment, l'information « +1 » est aussi ajoutée à son dossier militaire pour annoncer la naissance d'Allison. Benitez est aux anges. Émerveillé par cette petite fille aux yeux couleur noisette. C'est un bon père, toujours dévoué lorsqu'il est là.

En 1997, l'appréciation confirme l'estime de ses supérieurs : « Chef de grande valeur, son sens profond de la nature humaine lui permet de s'imposer naturellement. D'une fidélité à toute épreuve, c'est un subordonné digne, doté d'un sens du bien commun. »

Chaque évaluation est dithyrambique : « Chef de section depuis le mois de mai 1998, il a permis de hisser rapidement sa section à un haut niveau opérationnel. Confirmant tous les espoirs placés en lui, il peut prendre dès à présent le commandement d'une section de combat et à plus long terme un poste d'adjudant d'unité. »

Les gars l'apprécient. Certains l'appellent « Ricardo ». C'est un nouveau surnom que je lui découvre. Bon camarade. Ses compagnons lui trouvent un air jovial et même un certain charisme.

En 1999, à la sortie du REI de Nîmes, il part pour Mururoa, en Polynésie française, avec le 5ᵉ Régiment étranger, où il travaille sur la logistique et l'habillement du camp. Cette affectation marque un changement de poste sur le terrain. Le sous-officier Benitez n'est plus en première ligne. J'ai du mal à dater cet événement et à en connaître la raison. Il prend un nouveau grade, celui d'adjudant.

Les communications sont rares et les appels exceptionnels. Le couple mère-fille se renforce pendant cette longue et éprouvante séparation.

À son retour des îles, Benitez rejoint le plateau d'Albion, du côté de Saint-Christol, dans le Vaucluse. Les zones militaires du Sud deviennent son nouveau terrain de jeu. Pendant cinq ans, il va s'entraîner et affûter ses connaissances militaires au sein du 2e Régiment étranger de génie (REG).

Élevé au grade d'adjudant-chef, il part une dernière fois en opération, cette fois au Kosovo. « Certes moins à son aise dans les questions d'administration et de comptabilité, il fait les efforts pour se perfectionner dans ces domaines et choisit toujours judicieusement ses subordonnés pour assurer ces responsabilités sensibles. »

En 2005, nouveau départ, familial cette fois, pour Mayotte, dans le détachement de la Légion d'outre-mer, en tant qu'officier de matériel. Il y restera jusqu'en 2007, date à laquelle Benitez devient français. Trois ans qu'il attendait une réponse à sa demande de naturalisation. Il reçoit le document officiel signé du ministre de l'Intérieur de l'époque, Brice Hortefeux, et récupère de nouveaux papiers. Après avoir tant donné pour la France, il obtient cette nationalité comme une reconnaissance.

Les éloges continuent : « Sportif de bon niveau momentanément pénalisé par un problème médical, il s'implique dans les activités de son unité avec beaucoup d'ardeur donnant l'exemple à suivre pour les jeunes. Vif d'esprit et jamais pris au dépourvu, honnête et fidèle, l'adjudant Benitez y Pulido est tout à fait dans la lignée et l'esprit de nos anciens. »

À son retour en métropole en 2007, il réintègre le 2ᵉ REG sans grand enthousiasme, comme adjudant d'unité. Pendant trois ans, il va chercher l'échappatoire. C'est lui qui demande une évolution de carrière pour un poste au Groupement de recrutement de la Légion étrangère en tant que chef du PILE à Perpignan. Il obtient le poste et arrive en 2010 en terre catalane, échelon 5 avec une solde de 2 500 euros par mois.

Ses nouveaux collègues lui font bon accueil. Ils veulent le faire bénéficier de leur expérience. Ils y mettent du leur, mais Benitez reste distant.

Depuis son arrivée à la caserne, l'image du chef se dégrade. Il est en fin de carrière et fait preuve d'un certain dilettantisme.

Il accepte finalement une sortie proposée par un subordonné qui a à cœur de faire découvrir le département, du côté du Barcarès, des dunes et de la grande plage. Tout le long de la marche, le chef n'aurait fait qu'un commentaire, sordide et inapproprié : « C'est un endroit idéal pour cacher un corps, on ne le retrouverait jamais. » C'était au mois de novembre, et c'est vrai qu'il n'y avait personne dans les environs.

Ce témoignage, je le tiens d'un témoin de la scène. Les propos sont invérifiables, mais cette piste sera prise au sérieux par les enquêteurs à la recherche des corps d'Allison et Marie-Josée, pour les fouilles.

Aux embarras de l'administration, Benitez préfère les sorties, loin de son bureau. Avec ses hommes la communication passe essentiellement par ses trois téléphones. Des ordres brefs, précis, indiscutables.

Le commandement Benitez s'appuie sur une autonomie complète dans son service, ce qui lui permet de disposer de pas mal de temps libre. Il se repose sur le sergent-chef Boris S., son adjoint, un gars dévoué et serviable originaire de Serbie.

Le rituel est toujours le même. Chaque jour, vers 10 heures, Benitez part. Il prétexte parfois des réunions, du côté de Montpellier ou Canet-en-Roussillon, pour préparer les missions de recrutement. Personne ne lui pose de questions. C'est le chef, après tout, cela ne se fait pas.

La zone de couverture concerne surtout le Languedoc-Roussillon, mais aussi le Cantal et l'Aveyron. Le PILE de Perpignan tourne à environ une centaine de salons par an, les post-bac et forums d'orientation entre autres. Le but est de recruter des francophones : les légionnaires comptent plus de 7 000 hommes, de 150 nationalités ; à force de recruter à l'étranger, ils manquent de francophones.

Il n'est pas question de faire du terrain ni de se familiariser avec la topographie du département. Il s'agit plutôt d'avaler des kilomètres sur l'autoroute pour se rendre dans les administrations territoriales et représenter la Légion. Il se déplace régulièrement, cela va avec la fonction. La mission paraît très protocolaire, plus officielle et moins séduisante que les missions extérieures, mais Benitez aime conduire. Et surtout, il est libre.

Rien ne transparaît sur les visages des subalternes lorsqu'ils croisent le chef. Ils ont appris à dissimuler la moindre émotion ou rancœur. On ne crache pas sur un frère d'arme mais quand même, il se dit que Benitez fréquente davantage la côte que les bureaux. En partie à cause du sable sur le plancher des voitures, qui fait pester tout le monde parce qu'il a le culot de laisser les gars passer l'aspirateur. Planqué, Benitez a mieux à faire que les tâches ménagères.

37.

Mardi 21 juillet 2015, 16 heures, Paris

La résidence années 1930, en briques rouges, en bordure de périphérique, est sécurisée par plusieurs codes et interphones. Mais désormais j'excelle dans la technique de la couleuvre, je me faufile partout comme chez moi. L'air habituée et sûre de moi, je grimpe quelques étages et je sonne. Une femme toute courbée apparaît dans l'entrebâillement de sa porte. Elle me regarde avec ses grands yeux écarquillés et ses cheveux mal crêpés. Je me fais la réflexion qu'elle n'a pas vraiment le physique type d'une maîtresse de Benitez, parce que plus âgée. Lorsque je prononce le prénom de Francisco, la femme s'effondre. Elle m'attire à l'intérieur, les voisins pourraient entendre.

Elle, c'est Évelyne, la plus fervente des conquêtes de Benitez. À force de fouiller dans son passé militaire, j'ai obtenu l'adresse de cette femme, pas très loin de chez moi, il fallait que je la rencontre.

Le pas pressé, elle se fraie un chemin dans l'appartement encombré par un tas d'objets empilés. Elle parle toute seule et file jusqu'à sa chambre. Là, elle enlève délicatement ses petits talons. En collants couleur chair, elle monte sur le lit et attrape une valise. Mes yeux ne savent plus où se poser. Un képi blanc accroché au mur, une chemise à trois plis parfaitement repassée, une bouteille vide siglée « Aubagne Légion étrangère » … La pièce est un musée dédié à Francisco Benitez. Évelyne cultive les souvenirs comme d'autres les géraniums. Elle soulève sa petite valise, laisse ses mains en effleurer la fermeture Éclair. Strip-tease mental. Érotique et nostalgique à la fois. Il était son amant. Deux ans après sa mort, la blessure n'est pas totalement refermée. Pour sa maîtresse, Benitez est toujours un dieu auquel, dans le secret de son appartement, elle voue un culte. Sur l'autel, les reliques les plus intimes, et des uniformes toujours prêts à être revêtus.

Alors elle ouvre l'album photo, relit les lettres, respire le tee-shirt jamais lavé et même… des chewing-gums. Je suis au milieu d'un cimetière, ou d'une mine d'or pour un chercheur d'ADN.

Évelyne pose les yeux sur la première photo. Elle a soixante et un ans, lui quarante et un. C'était dans une tribune officielle sur les Champs-Élysées, lors du défilé du 14 juillet 2004. Évelyne a toujours bien aimé l'univers de la Légion, elle s'y est fait des amis qui l'invitent à chaque événement.

En uniforme beige, assis juste devant elle, blonde à l'allure élégante, Benitez a tout du beau ténébreux espagnol. Au dos du cliché, qu'il avait pris soin de lui envoyer, il a écrit en caractères appliqués, presque féminins :

« Le destin nous a mis aux même chemin.
J'aime aller au inconnu. ?????

ça fait parti de l'aventure.
Besos

Amitiés légionnaires

Benitez »

Après ce fameux 14 juillet 2004, leur relation devient épistolaire. Le sous-officier crée spécialement des boîtes mail destinées à sa chère et tendre : d'abord 14072004@... qui évoque leur première entrevue, ou encore : inséparables@... Leur vouvoiement durera trois ans. En 2007, lorsqu'ils se revoient, ils oublient les politesses et tombent dans les bras l'un de l'autre.

Elle reçoit des bouquets de fleurs, des colis avec le livre du général Paul-Frédéric Rollet, le « père fondateur de la Légion », un képi blanc dans lequel il a délicatement glissé une photo de lui.

Les amants échangent régulièrement des messages, coquins ou carrément sexuels.

— La distance et l'écrit permettent une certaine liberté, me confie Évelyne.

Il leur arrive aussi de s'appeler, leurs voix attisant leur désir.

Lors de chacun de ses passages à Paris, Benitez s'annonce, « c'est votre légionnaire », et se précipite chez Évelyne. Il y a laissé ses affaires, principalement son uniforme, pour s'éviter de déplacer ses valises, sa boîte à képis et ses décorations à chaque voyage.

Elle n'imagine pas avoir une réelle vie commune, ces visites inopinées dans son petit deux-pièces parisien lui suffisent. Les virées avec son jeune amant la transportent.

Elle n'ose même pas lui demander s'il est marié, ce dont elle se doute pourtant.

— C'est un légionnaire, plutôt du genre taiseux, justifie-t-elle.

Au détour d'une conversation sur les successions et les ayants droit, il lui a simplement dit qu'il l'avait mise en bénéficiaire d'une assurance-vie. Elle ne s'en était pas étonnée, elle a souvent entendu dire que c'était « un truc » que les légionnaires faisaient avant de partir en mission.

Quant à ses faits d'armes, il laisse planer le mystère. Mais la curiosité démange Évelyne, alors un jour elle se lance et se risque à lui poser la question :

— As-tu déjà tué ?

Il s'impose d'abord le silence, puis finit par acquiescer, l'air grave :

— Oui, dans le cadre d'opérations, je fais partie des snipers.

Il reste évasif mais la réponse suffit à alimenter le fantasme de l'homme guerrier et protecteur.

De vingt ans son aînée, elle ne demande rien, n'exige rien.

La dernière fois qu'elle a vu son légionnaire, c'était le 22 juin 2013, lors de la fête de la Légion au fort de Nogent. Elle se souvient d'avoir entendu :

— Attention, un Mexicain arrive !

Elle s'était retournée et l'avait vu arriver, la peau brunie et le sourire enjoué. Elle l'avait regardé papillonner, passant d'un groupe à l'autre. Il était en tenue civile, expliquait qu'il venait d'atterrir, de retour du Mexique. Évelyne apprend alors qu'il faisait partie de la délégation dépêchée pour les cent cinquante ans de Camerone [1] et même que

1. Le 30 avril 1863, pendant l'expédition du Mexique lancée par Napoléon III, une poignée de légionnaires tient tête à un bataillon

son Francisco avait été choisi pour être l'interprète d'un général au Mexique ! Quel homme !

Il porte sous le bras une boîte de cigares qu'il distribue à quelques galonnés. Évelyne le perd de vue, navigue entre les stands, lorsqu'il ressurgit :

— J'ai un cigare pour toi... Je te le donnerai en douce tout à l'heure parce qu'ils en veulent tous... C'est l'édition spéciale, exprès pour Camerone.

Cette fois ils n'ont passé que quelques heures dans l'appartement d'Évelyne. Déjà, il devait repartir. Ils ont fait l'amour comme d'habitude. Elle n'a noté aucun changement dans son comportement. Elle le trouve toujours aussi beau. Il parle d'un déplacement en mission extérieure, en Guyane, prévu au mois de juillet. Le terrain lui manque. Ce sera la der, avant la retraite.

Elle ne l'a plus revu. Le reste, elle l'a découvert dans la presse.

*

Benitez aimait les femmes, toutes les femmes. Les jeunes, les moins jeunes, les Espagnoles, les Sud-Américaines et les Françaises. Véritable don Juan, avec combien de maîtresses pouvait-il jongler ?

Toutes sont folles de son allure et de ses manières d'hidalgo. Certaines sont même prêtes à quitter leur mari pour le suivre au bout du monde. Au gré de ses élucubrations, il dit vouloir en emmener une aux Émirats, l'autre

---

mexicain dans le village de Camerone. Cet épisode fondateur pour la Légion étrangère est célébré chaque année pour l'héroïsme et le sens du devoir jusqu'au sacrifice de ses soldats.

à Paris, la troisième dans les DOM-TOM... Autant de versions que de maîtresses et de « petits noms » donnés par la blonde, la brune, la jeune, la sexagénaire, la virtuelle. Pour chacune, il porte un surnom différent : Francisco, Kiko, Paco, Koko... Une chose est sûre, avec lui, toutes sont allées au septième ciel. Le personnage est double. Tel un Casanova, il aborde avec finesse, envoie des fleurs, dépose des lettres romantiques, poste des mails énamourés signés « votre légionnaire », offre des robes moulantes. Aucune ne résiste à ce félin, toujours impeccable, la barbe parfaitement taillée, le sourire Ultra brite et l'œil langoureux. Son accent espagnol le rend plus désirable encore, même si le discours demeure parfois obscur. Il apprécie les lieux insolites pour leurs ébats, sur la plage, dans des hôtels de la région, en Catalogne espagnole ou encore dans la pinède de Leucate.

À l'occasion d'une série d'été consacrée aux *cold cases*, *Paris Match* me demande de revenir sur Benitez, entre un sujet consacré à la tuerie de Chevaline et un autre sur le mystère Xavier Dupont de Ligonnès. J'ai terminé mes études et obtenu une place dans la rédaction, toujours au service actualité. J'ai enfin des cartes de visite et un peu plus de légitimité en tant que reporter sur le terrain.

Deux ans après le suicide de Benitez, mon angle est précis : dévoiler le « carnet rose » du légionnaire. Je repars sur le terrain avec une liste de personnes à contacter, des enquêteurs, des légionnaires, des parties civiles. Cette fois c'est Virginie, une photographe de *Match*, avec qui j'ai pris l'habitude de travailler, qui m'accompagne. Je reconstitue le roman photo de sa vie amoureuse. Plusieurs anciennes maîtresses acceptent de poser, comme Liliane sur une plage ou encore Évelyne sur son lit...

Je veux me tenir au plus près de la vérité. Raconter les faits, me rapprocher du tableau pour en découvrir de nouveaux détails qui auraient pu m'échapper. On n'a toujours pas retrouvé les corps des disparues, peut-être ne les retrouvera-t-on jamais. Benitez n'a pas livré tous ses secrets. Je me dois d'aller jusqu'au bout.

Benitez, j'en fais mon sacerdoce.

À l'automne 2008, il vit à Saint-Christol avec Marie-Josée et Allison, affecté au plateau d'Albion. Il n'a pas encore fêté ses noces de cuir avec sa femme qu'il s'inscrit sur le site de rencontres « Flirt ». Il utilise la même phrase d'accroche qu'il copie-colle pour chaque profil qui l'inspire :

> « Bonsoir mon prénom es francisco, très jolie et séduisantes vos fotos on dirait un peu des orginies espagnoles, si vous existe reelement enchante besos »

Il « pêche » d'abord Lisa, pour qui il installe MSN Messenger sur son ordinateur militaire malgré le règlement qui le lui interdit. Mais l'écrit n'est pas son fort, les quiproquos de la langue lui jouent des tours, alors finalement ils s'appellent. Lisa, sous le charme, découvre son accent espagnol. Pendant des heures, ils se racontent. Benitez parle de sa femme qui ne veut plus avoir de rapports sexuels avec lui, de sa solitude, du manque d'affection qui le minent. Il lui arrive même de pleurer.

Le 30 décembre 2008, après trois mois d'échanges, ils décident de se rencontrer. Lisa habite en région parisienne, pas très loin de la porte de Versailles et du fort de Nogent, là où Benitez se rend régulièrement pour visiter le

Groupement de recrutement de la Légion étrangère. Le lieu est plutôt commode pour lui, il fait le déplacement. Là il s'épanche encore. Il dit n'avoir trompé qu'une seule fois sa femme. C'était avec une Brésilienne éperdument amoureuse de lui. Mais alors qu'ils avaient décidé de rompre, cette amante a disparu, évaporée dans la nature. Il lui raconte aussi qu'on l'a soupçonné, mais qu'il n'y était pour rien.

Lisa s'attache, elle veut plus. Elle s'est séparée de son mari, elle est prête à refaire sa vie, mais elle sent que ce sera compliqué avec ce légionnaire encore empêtré dans ses histoires avec sa femme et sa fille. Ils se quittent bons amis.

Benitez a soif de chair. Il s'inscrit sur les sites de rencontres du groupe Phoenix. Cette fois, le tombeur andalou prend un abonnement gold.

> « vous etes une femme ravissant mais bon ca vous le saviez déjà vous fotos son tres sensuelle et on voi en vous que vous aime etre charme et en votre regard on voi la femme coquine et mistérieuse, je m'excuse pour mes fautes d'orthographe mais je suis espagnol d'origine et de naissance bizz a vous il n'y a que les montagnes qui ne se croisent pas francisco »

Copié-collé, copié-collé. Il s'adresse à Diablotinesdu92, FOUni105, Bibiiche, basinger66, Zezette12...

Il a parfois du mal à se faire comprendre. Et puis les femmes mariées s'épanchent sans jamais vraiment sauter le pas. Il se lasse des sites de rencontres et tente Facebook. Début 2012, il demande Julie en « ami ». Elle, il l'a trouvée dans la liste d'un groupe qui a pour but d'apporter un soutien moral aux soldats en opérations extérieures. Il a épluché les profils des adhérentes comme on parcourt avec gourmandise la carte d'un restaurant. Sur sa photo de profil, Julie montre une épaule dénudée et un drapeau tricolore. Il n'en faut pas davantage pour Benitez. Il clique sur la case « j'ajoute ». Elle accepte instantanément.

Il se présente et donne sa fonction militaire. Il lui confie être entré très jeune dans la Légion. Elle aime le milieu de l'armée, il lui raconte ses robinsonnades.

Au fur et à mesure de leurs contacts sur Facebook, ils sympathisent. C'est vrai qu'ils s'écrivent souvent. Presque tous les jours, les interruptions sont rares.

Ils s'appellent aussi, parfois. Cet homme lui plaît. Il a la voix douce. Il lui envoie à deux ou trois reprises des photographies de lui, quelques-unes en civil mais surtout en tenue militaire. Leurs conversations sur le Net portent sur des sujets très divers. Il leur arrive de parler de sexe. Julie le trouve plutôt gentleman.

— Est-ce que tu as d'autres femmes, je veux dire des maîtresses ? lui demande-t-elle un jour.

— Non, ça ne m'intéresse pas, répond aussitôt Benitez.

La réponse l'étonne, comment un bel homme comme lui vit-il en complète abstinence ?

Elle le trouve un peu trop papa poule parce qu'il parle beaucoup de sa fille. Il est fier d'Allison, intarissable. Julie pense qu'il l'étouffe.

Pourtant, jamais les amoureux du Net ne vont se rencontrer physiquement. Un rendez-vous était pris pour le mois de mars 2013. Ils avaient parlé d'un restaurant, ou d'un verre, mais cela ne s'est pas fait. Au dernier moment, il a annoncé devoir accompagner Allison au ski, en Espagne. Encore sa fille. Julie se lasse.

Il tente parfois de reconquérir Marie-Josée, mais elle refuse. Qu'importe, chez Benitez, les histoires se chevauchent. Les femmes tombent comme des mouches, telle Carmen, cette militaire de Perpignan, par exemple, follement amoureuse depuis six mois. Benitez l'a rencontrée alors qu'il apportait le courrier de la Légion à la caserne Mangin, l'autre bâtisse de l'armée de terre à Perpignan. Leurs affectations respectives les ont vite rapprochés. Dans le cadre de leurs missions, il leur avait été recommandé de faire du covoiturage, une aubaine pour Benitez qui adore conduire. Il se propose et l'affaire est faite.

En juillet 2012, leur idylle devient passionnelle. Obnubilée par son légionnaire, Carmen le suit toute guillerette. Il lui fait des cadeaux, des robes courtes et moulantes, lui offre aussi des nuits d'hôtel quand ils ne se retrouvent pas à la caserne ou chez lui, rue Jean-Richepin, en l'absence de sa femme et de sa fille.

À elle aussi, celui que dans l'intimité elle appelle « Kiko » passe son temps à parler d'Allison. Benitez en est fou. Avant de s'endormir, il faut toujours qu'il lui envoie un message. Pourtant, sa fille et sa femme ont une relation si fusionnelle, elles dorment dans le même lit, qu'il se sent mis à l'écart et en souffre.

Le voyant en pleine détresse affective, Carmen décide de l'introduire dans son groupe d'amis. Il est de ceux qu'on aime tout de suite, se dit-elle. Il connaît déjà Diana, la meilleure amie, agente administrative à l'armée elle aussi. C'est chez elle que s'organisent régulièrement des repas entre amis, mais Diana ne voit pas d'un bon œil ce beau parleur. Elle se méfie et l'interroge.

Il dit avoir servi dans l'armée espagnole mais en être parti. Ses réponses fuyantes lui laissent penser qu'il y a quelque chose de pas net. Il parle régulièrement d'une échéance en 2014, une fois c'est une ultime mutation en outre-mer, une autre fois la retraite à la fin des études d'Allison… Il est un peu confus.

Lorsque Diana lui fait remarquer des incohérences, il lui réplique d'un ton ferme et définitif :

— Tu poses trop de questions.

Autre étrangeté, à deux ou trois reprises alors que Diana raccompagne Benitez à la porte de chez elle, il l'observe avec des yeux pénétrants. Il la recoiffe un peu avec sa main, et lui susurre « Tu lui ressembles », sans plus d'explication.

C'est un homme hyperactif, qui ne tient pas en place. Il se met toujours à disposition pour rendre service. Et si Carmen aime le voir se démener pour les autres, Diana, elle, ne peut pas s'empêcher de se dire qu'il joue un peu trop au mec parfait.

Aux beaux jours, il embarque Carmen pour aller bronzer nus sur une plage naturiste. Il connaît les spots. C'était donc elle, la femme de Leucate. Au fur et à mesure de mes rencontres avec les conquêtes de Benitez, je découvre qu'il aime bronzer et affectionne particulièrement la discrétion des plages naturistes. Elles sont peu fréquentées et les habitués lui adressent rarement la parole, un anonymat qu'il apprécie.

Si Benitez est précautionneux, s'il fait toujours attention à soigneusement faire le ménage derrière lui, il semble ne pas avoir conscience de ce qu'est la curiosité d'une adolescente.

En 2012, après avoir fêté Noël avec ses hommes, Benitez retrouve sa famille. Allison en profite pour fouiller dans son portable et tombe sur les messages enamourés de

Carmen. Suit une violente dispute. Benitez claque la porte du domicile conjugal.

Francisco Benitez prend ses quartiers à la caserne. Loin de sa fille, « la prunelle de ses yeux », ce sont ses mots, que chacune des maîtresses répète machinalement. La nuit, il épluche les sites de rencontres ou se déplace à la Jonquera, à la frontière espagnole, dans les hangars à hôtesses.

Au printemps, il congédie brutalement Carmen. Elle veut quitter mari et enfants pour lui, c'est trop. Il prend peur. Elle va bien tenter de le ramener à elle, en vain. Il n'a plus que de l'amitié à lui offrir. Carmen pleure. Et pour mettre un terme définitif à ses espérances, il lui dit avoir une nouvelle maîtresse, une prénommée Claudia, guide dans un musée de Montpellier, la quarantaine, mariée et mère de deux enfants. Encore une. J'aurai beau chercher, jamais je ne retrouverai la trace de cette femme. Je me demande s'il ne mélange pas à dessein les profils et les prénoms pour brouiller les pistes. Jamais célibataire, Benitez m'apparaît en chasse permanente.

38.

Lundi 9 septembre 2013, 16 h 50,
SRPJ de Montpellier, antenne de Perpignan

Liliane […], après avoir pris connaissance de la délégation judiciaire dont nous sommes porteurs, prête serment de dire la vérité, toute la vérité, et dépose comme suit :

Je prends acte que je suis entendue dans le cadre de l'affaire concernant la famille Benitez. J'ai rencontré pour la première fois Francisco Benitez en mai 2011, alors que je me trouvais seule sur la plage naturiste de Leucate, face au village naturiste Ulysse.

Lui, arrivait sur la plage, seul. Il est directement venu s'installer à côté de moi, en demandant, sans que je le comprenne très bien, s'il pouvait s'installer et discuter. J'ai refusé, en lui faisant comprendre que je ne comprenais pas ce qu'il disait. Il est alors parti s'installer un peu plus loin. Au bout d'une heure ou deux, je suis partie. J'ai rejoint à pied ma voiture qui se trouvait sur le parking, à gauche du rond-point en arrivant au village naturiste. Lui m'a suivie jusqu'à sa voiture, une 207 blanche, qui était garée sur le même parking. Il m'a dit au revoir, d'un signe de la main, et est parti, après moi, en me suivant jusqu'à ce que je prenne la direction de Bompas-Claira, puis il a été tout droit en direction du centre Carrefour.

Quelques jours après, je suis à nouveau allée sur cette même plage, seule, et il est arrivé après moi. Il m'a dit bonjour et est resté à distance. II ne m'a pas parlé, il m'a juste dit « hola », comme il disait souvent. Cette opération s'est répétée plusieurs jours d'affilée, et quelques jours après, toujours au mois de mai je pense, il est venu m'aborder, en me faisant lire une lettre, rédigée en français, tapée à l'ordinateur.

Dans cette lettre, il me disait que je lui plaisais, m'avait mentionné son numéro de téléphone, me demandait si je voulais sortir avec lui, et avait mis une carte de visite professionnelle avec l'insigne de la Légion. J'ai pris peur, je ne lui ai pas répondu, et je suis partie à ma voiture. Il m'a suivie jusqu'au parking, et m'a suivie en voiture, comme je l'ai indiqué précédemment.

Quelques jours après, toujours toute seule, je suis retournée à la plage. Il est arrivé après moi, s'est installé à côté de la douche, a posé sa serviette, et est venu me voir, pour que je réponde à sa lettre. Je lui ai dit que je ne savais pas, et que j'allais réfléchir. Il est parti avant moi de la plage, et pour ma part, je suis partie quelques minutes plus tard. Je suis allée jusqu'à mon véhicule, toujours sur le même parking, et j'ai vu qu'il attendait dans sa voiture au niveau du Stop, avant de reprendre la route nationale qui va du Barcarès à Leucate. Il m'a fait signe de m'arrêter, ce que j'ai fait. Il m'a proposé un verre, et je l'ai suivi jusqu'au parking du Super U du Barcarès. J'ai laissé ma voiture, et je suis montée avec lui dans sa 207. Nous sommes allés nous installer au premier café qu'il y a sur la place du village du Barcarès. Nous avons bu un verre, et il n'a pas pu payer avec sa carte, car ils ne la prenaient pas pour une si petite somme. Il a donc tenté d'aller retirer de l'argent à un distributeur. Je suis restée sur la terrasse du café. Quand il est revenu, il m'a dit que l'appareil lui avait avalé la carte. Il a laissé un chèque à la commerçante, et a dit qu'il reviendrait le lendemain régler la note, en même temps qu'il récupérerait la carte à la banque.

Pendant que nous étions en terrasse en train de boire un verre, nous avons parlé. Je lui ai dit que je vivais seule, avec mes enfants. Il m'a dit qu'il était marié, qu'il avait une fille, que son couple n'allait pas trop bien. Je lui ai répondu que je n'étais pas vraiment intéressée d'être avec quelqu'un dans sa situation, que je ne voulais pas d'un homme marié. Il n'a pas insisté. Il m'a ramenée à ma voiture, et nous sommes repartis chacun de notre côté.

À partir de ce moment-là, nous nous sommes revus à la même plage, et il se mettait désormais à mes côtés. Il a fait cela jusqu'à ce que mes amis de Strasbourg arrivent, fin mai, début juin.

Dès lors, donc, quand il faisait un peu plus chaud, j'allais à la plage avec mes amis de Strasbourg et des amis du Barcarès. Francisco, lui, se mettait à nouveau un peu plus en retrait, et je n'ai jamais dit, à ce moment-là, à mes amis que je le connaissais, même si nous échangions des textos avec Francisco.

Cette situation a perduré tout l'été 2011. Vers le mois de septembre 2011, nous sommes sortis ensemble. Nous nous sommes donné rendez-vous au Barcarès, j'ai laissé ma voiture sur le parking de l'hôtel proche de la place du village, et je suis partie avec lui en voiture, toujours vers les villages naturistes, mais nous ne nous mettions plus sur les plages avec tous les autres. Nous allions à ce que j'appelle les « criques des pêcheurs », c'est-à-dire à droite au rond-point. Ces endroits étaient plus discrets et moins fréquentés.

Nous sommes revenus à plusieurs reprises dans ce secteur des criques.

À partir de septembre 2011, j'ai eu une liaison avec Francisco Benitez. Nous nous retrouvions en voiture, deux fois à l'hôtel, c'est un hôtel dont je ne me souviens plus du nom, mais qui se trouve du côté gauche, au rond-point du péage de Perpignan-Nord, nous sommes allés chez moi à plusieurs reprises, une fois chez lui, et plusieurs fois à la caserne. J'ai fêté le réveillon 2011-2012 à la caserne. En fait, comme j'étais seule ce soir-là, je suis allée à la « rifle » (le loto, pour les non-Catalans). J'ai gagné un bon de 400 euros, et comme j'étais au téléphone avec Francisco, il m'a dit de venir à la caserne, pour fêter cela.

Nous étions dans son bureau. Il avait mis un matelas au sol, et nous avons passé la nuit là-bas.

J'ai passé plusieurs nuits à la caserne du temps où j'avais une relation avec lui.

Nous avons recommencé à faire du naturisme fin août ou début septembre 2012, car j'avais eu des soucis familiaux avant. Nous sommes retournés sur la même plage.

Un jour, alors que j'étais arrivée seule, j'ai vu Francisco venir sur la plage, avec une femme blonde, un peu ronde, cheveux un peu ondulés, aux épaules. Il a fait mine de ne pas me voir, alors qu'il était passé à côté, et est allé s'installer avec cette femme un peu plus loin. Je ne les ai plus vus, jusqu'à ce qu'ils repassent. J'ai remarqué que cette femme buvait dans la bouteille de Francisco.

Quelques jours après, Francisco est venu à la plage, s'est mis à côté de moi, et je lui ai demandé pourquoi il ne m'avait pas dit bonjour quand il était avec cette fille et qui était cette fille.

Il m'a dit que c'était la mère d'un de ses collègues, et qu'il lui faisait découvrir les plages naturistes qu'elle ne connaissait pas. Bien sûr, je ne l'ai pas cru, mais je n'ai pas insisté.

À partir de ce moment-là, j'ai commencé à prendre mes distances. Nous avons terminé la plage ensemble, et nous sommes repartis, comme d'habitude.

Quelques jours après, je suis revenue à la plage, mais les douches ne fonctionnaient pas. Je suis donc partie du côté des ostréiculteurs, où il y a également une douche.

Alors que j'étais installée sur la plage, et que je ne l'avais pas prévenu que je me serais trouvée à cet endroit, je l'ai vu arriver avec deux filles. Les deux étaient brunes, menues, entre quarante et cinquante ans. Les filles sont allées s'installer un peu plus loin, et lui s'est installé à côté d'elles. Il ne m'avait pas vue.

Il a parlé avec elles, et au bout d'un moment, les deux filles l'ont laissé et sont allées s'installer un peu plus loin. Il a regardé autour de lui, m'a vue, et est venu s'installer à mes côtés. Je lui ai demandé ce qu'il faisait avec ces filles, s'il les draguait ou quoi, et il m'a dit qu'il les avait rencontrées sur le parking, mais qu'il ne les draguait pas. Ils avaient fait le chemin ensemble.

Je ne sais plus si c'est à ce moment-là ou quelques jours après, je lui ai dit que je ne voulais pas d'un homme qui ait plusieurs femmes.

Nous avons reparlé de ce sujet plusieurs fois, et il m'a dit qu'il aimait les femmes, et qu'il ne pouvait pas s'en passer. Je lui ai alors conseillé de laisser sa femme et sa fille et de s'installer seul à la caserne. Il m'a répondu que non, car il fallait qu'il soit tout le temps avec sa fille. D'ailleurs, c'est vrai que quand nous étions à la plage, il parlait d'Allison du matin au soir, c'était tout pour lui. Il l'adorait.

C'est à peu près à cette époque qu'il m'a amenée passer une nuit chez lui, c'est la seule que j'y ai passée. Je me souviens que c'était dans son ancien appartement de l'avenue Torcatis, qu'il était en train de déménager, il restait encore son frigo américain et quelques meubles, car un copain devait venir l'aider à tout déménager.

Selon ce qu'il m'avait dit, nous devions discuter, car la veille, je lui avais « posé un lapin », et il s'était énervé au téléphone. Il m'avait donc donné rendez-vous chez lui pour parler, en me disant que sa femme et sa fille étaient dans le nouvel appartement.

Je venais pour lui dire que je ne voulais plus de relation avec lui, mais finalement, j'y suis restée toute la nuit, car il me disait les sentiments qu'il avait pour moi, et nous avons eu une relation.

En 2012 toujours, en pleine saison, comme nous avions été contrôlés par la police faisant du naturisme sur les « criques des pêcheurs », et que c'était interdit, je lui ai fait découvrir les plages de La Franqui qu'il ne connaissait apparemment pas. Je lui ai dit qu'il y avait moins de monde, car il n'aimait pas le monde, et comme c'est assez étendu, on pouvait faire du naturisme en étant tranquille.

Nous sommes revenus assez fréquemment sur cette plage, car c'était isolé, et nous pouvions faire l'amour sur la plage, en se cachant juste avec un paravent.

Notre relation s'est estompée à partir de fin 2012, nous nous voyions moins souvent et nous appelions moins souvent également.

En 2013, je l'ai revu deux fois au mois de mai, sur la même plage de Leucate. Ensuite, nous avons été dans des petits chemins, en partant du Super U du Barcarès, en direction de la quatre voies, et au rond-point en face. Nous avons fait l'amour dans ces endroits isolés.

Je l'ai revu le 8 ou 9 juin 2013 à la plage. Il ne faisait pas beau. Nous sommes donc rentrés chacun chez nous, et ensuite, nous nous sommes rencontrés par hasard à Gifi Polygone Nord à Perpignan. C'est la dernière fois que je l'ai vu.

[...]

— Qu'avez-vous fait de la lettre que Francisco Benitez vous avait écrite en 2011 ?

Je l'ai déchirée et jetée, le lendemain qu'il me l'ait donnée. C'était écrit de manière dactylographiée, mais en français correct, je le comprenais.

— Pouvez-vous nous décrire la personnalité et le caractère de Francisco Benitez ?

Au début de notre relation, je l'ai trouvé très calme, doux, jamais un geste déplacé. La seule fois où j'ai eu peur, c'est en fin de saison 2012, après l'épisode où il est venu avec les deux filles. On devait se voir au Barcarès. Il pleuvait, je n'avais pas le moral, mon père venait de décéder, et je ne suis pas allée au rendez-vous à l'heure convenue. Il m'a envoyé des textos, me demandant ce que je faisais, et où j'étais. Je lui ai répondu que je ne viendrais pas, et il a alors commencé à s'énerver. Il n'envoyait plus de messages, mais téléphonait, insistait, car je ne répondais pas.

Au bout de quelques appels, j'ai quand même répondu. Il m'a reproché, énervé, que je lui avais posé un lapin, que c'était les Français qui faisaient ça. J'étais à la maison, avec ma fille, qui était la seule à être au courant de cette relation. Je lui ai dit que je devais y aller, car il était énervé. J'ai fini par aller au parking devant l'hôtel, à la place du Barcarès. Il attendait depuis peut-être une demi-heure, et il était énervé. En tout cas, il ne supportait pas que je sois en retard.

Je lui ai dit que son attitude ne me plaisait pas, et que j'avais envie de stopper notre relation. Il n'a pas répondu de suite à cela, me demandant de venir en discuter chez lui le soir, car il était seul.

Ce soir-là, vers les 21 heures peut-être, je suis allée chez lui. Il m'avait expliqué à quel niveau de l'avenue Torcatis il habitait. Je suis montée chez lui au premier étage. Nous avons à nouveau discuté. Je lui ai reproché son comportement du matin, son agressivité, et lui ai fait part de mon désir de cesser notre relation. Je lui ai reparlé des épisodes où je l'avais vu avec des filles sur la plage et que je ne voulais plus de relation comme ça. Il m'a alors dévoilé ses sentiments à mon égard, à savoir qu'il m'aimait bien, que je n'étais pas comme les autres, et m'avait demandé si j'étais prête à le suivre au cas où il doive partir, je veux dire par là au cas où il quitte sa femme et sa fille. Je lui ai répondu que non, que je ne pouvais pas, car j'avais mes enfants qui ont besoin de moi.

Nous étions à ce moment-là assis sur son matelas gonflable. Il m'a embrassée et nous avons fait l'amour.

Avec le recul, je me souviens qu'en arrivant dans la salle à manger, où il y avait le matelas, j'avais remarqué qu'au sol se trouvait un sac-poubelle noir, vide, avec une cordelette beige tressée posée sur le sac. Cette cordelette devait faire une cinquantaine de centimètres.

Il y avait également ses trois chiens.

Après avoir fait l'amour, il a été chercher du Coca, et a enlevé le sac et la corde. Je ne sais pas ce qu'il en a fait ni à quoi c'était destiné.

Vu ce qui s'est passé avec sa femme et sa fille, je me pose la question de savoir ce qui aurait pu se passer.

C'est le seul épisode où il a été agressif envers moi.

Je me souviens aussi qu'il n'aimait pas qu'on dise « je t'aime ». Je dis ça car il ne comprenait pas que je puisse le dire à ma fille. Je lui ai demandé s'il ne le disait pas à sa fille, il m'a répondu que non. Il a ajouté qu'il ne fallait jamais que je lui dise « je t'aime ».

Il nous est arrivé de « faire l'amour au téléphone », et pendant ce temps-là, il mettait chez lui un film porno. Il disait qu'il ne faisait pas de bruit, car sa femme dormait dans la chambre, et lui était dans le salon.

[…]

Il m'a parlé qu'une fois de sa femme, en disant qu'elle travaillait à la Mutuelle catalane. Il disait que sa fille était dans la coiffure, comme ma fille, qu'elle n'avait pas de petit copain, qu'il était tout le temps derrière elle, et il m'avait dit qu'en fin d'année, il l'avait amenée au restaurant et en boîte de nuit. Il la surveillait et parlait tout le temps d'elle. C'était l'amour de sa vie.

Il connaissait aussi mes enfants, et a appris à nager à ma fille la plus jeune, c'était à la mer, à la plage naturiste.

— Connaissiez-vous ses collègues de travail et les avez-vous déjà rencontrés ?

Juste de nom. Je sais qu'il y a un Sébastien C. qui ne cessait de l'appeler lorsqu'il était à la plage. En fait, Francisco les dirigeait depuis la plage, il ne travaillait pas trop. Je me demandais comment il faisait, et il répondait que c'était bon.

[…]

Il était très jaloux, il ne supportait pas qu'on vienne me parler.

— Vous a-t-il conduite dans des endroits discrets ou isolés ?

Il m'a amenée sur ce que j'appelle les « criques des pêcheurs », à droite au rond-point du village naturiste, en dépassant le village naturiste, et à gauche après les bassins de décantation, ou alors tout à fait au fond, en voiture, en continuant tout droit, jusque dans l'avant-port. D'ailleurs, chaque fois que nous partions de cet endroit, il allait laver sa voiture, intérieur et extérieur, à Pétror à Claira. Je lui ai fait découvrir La Franqui, et par la suite, il m'a dit qu'il allait aller avec des collègues à lui un peu plus loin sur cette plage de La Franqui, en direction de Port-la-Nouvelle, pour voir si on pouvait y accéder en voiture. Plus tard, il m'a dit qu'il avait été vérifier avec un de ses collègues, et qu'on pouvait effectivement y passer. Il m'a fait découvrir le chemin de terre du Barcarès, en partant du Super U. Nous y sommes allés trois fois, dont une fois avec une fourgonnette blanche.

— Avait-il l'habitude de vous amener au restaurant ?

Nous avons été une ou deux fois au Barcarès, à l'hôtel à côté de la place, pour y manger. Sinon, nous achetions des sandwichs au Super U du Barcarès, et allions à la plage.

[...]

— Dormait-il beaucoup la nuit ?

Non, pas trop, car nous étions au téléphone tard dans la nuit, et il me disait qu'il sortait les chiens vers les 6 heures du matin.

— En regardant la téléphonie, on constate qu'il y a une grande fréquence de contacts jusqu'en février 2013. À partir de cette date, on note une diminution des contacts. 3 en mars, 12 en avril, 4 en mai, 6 en juillet et 3 en août. Au mois de juillet, vous échangez trois SMS le 1er (plus deux accusés de réception) et un le 22. En août, vous lui envoyez deux SMS le 2 et un le 4 à 17 h 21. Pouvez-vous nous dire à quoi correspondent ces appels ?

Le 1er juillet, c'est peut-être pour aller à la plage. Le 22 juillet, je ne le sais pas, peut-être pour lui demander des nouvelles de sa femme et de sa fille, car j'avais entendu à la télé qu'elles avaient disparu. Pour le mois d'août, je pense que c'était pour savoir s'il avait des nouvelles de sa femme et de sa fille. Il ne m'a jamais répondu.

— Comment avez-vous appris la disparation de sa femme et de sa fille ?

Par la télé.

— Donc, vous n'avez pas pu l'apprendre le 22 juillet.

Alors je ne sais pas pourquoi j'ai envoyé un message le 22 juillet. Peut-être pour aller à la plage, même si nous n'avions plus de relations, nous étions en bons termes.

— Étiez-vous au courant des maîtresses qu'il avait ?

J'ai déduit qu'il avait beaucoup de maîtresses car il aimait les femmes. Je lui ai demandé combien de temps il était resté le plus avec une de ses maîtresses. Il m'a dit qu'il était resté un an avec une métisse, sans plus de précision.

— Avait-il des pratiques sexuelles sortant de l'ordinaire ?

Non, il était classique.

— Vous a-t-il parlé de ses anciennes affectations et des missions qu'il a pu exercer auparavant ?

Il m'a parlé de Mayotte, qu'il avait bougé un peu partout, en Afghanistan, dans le désert, en Afrique. Il ne m'a pas dit en quoi consistaient ses missions. Une fois, il m'a dit qu'il avait été obligé de tuer des gens, et qu'il avait mis une balle dans la tête de quelqu'un, en mission, ça m'avait choquée. Il m'avait dit qu'en mission, ils n'avaient qu'une bouteille d'eau pour se laver et boire en journée.

— Voyez-vous autre chose à ajouter ?

Non.

Lecture faite personnellement, Mme Liliane C. persiste et signe avec nous et notre assistant le présent à 19 h 30.

39.

Vendredi 19 juillet 2013, 20 heures,
28 rue Jean-Richepin, Perpignan

Benitez affiche une étonnante décontraction. « Allison et sa mère sont parties pour Toulouse », il a le champ libre et convie sa dernière conquête à passer le week-end chez lui, rue Richepin. D'abord réticente, Magdalena a accepté de le rejoindre dans l'appartement familial. Après tout, Marie-Josée et Allison ont laissé leurs deux clés à la maison. Il y a bien des odeurs nauséabondes dans la salle de bains... Mais l'attirance est plus forte et balaie les scrupules de la belle blonde qui, pour se libérer, a dû mentir à son époux. Comme à son habitude, l'adjudant-chef a organisé un programme tiré au cordeau.

Quand l'interphone retentit, Benitez s'y attend mais vérifie du balcon ceux qui s'annoncent. Derrière la porte en fer forgée et vitre dépolie, François et Martine, des collègues et amis de Magdalena, découvrent l'Espagnol torse nu, vêtu d'une simple serviette-éponge nouée autour de la taille. Dans l'appartement, Magdalena, tout à son aise, se maquille devant le miroir de la salle de bains et leur demande quelques minutes. François et Martine s'assoient sur le canapé et patientent, le temps que leurs hôtes finissent de se préparer. Ils ne prononcent pas un mot, mais François se dit que l'appartement est dans un tel ordre qu'il paraît inhabité. L'arrivée de Benitez, en chemise blanche et en jean, interrompt ses pensées. Il leur fait la visite au pas de charge : les chambres, la terrasse, les chiens, et la cage à oiseaux. Il se dépêche parce qu'il a réservé une table aux Pilotis, une paillote sur la plage de Leucate.

Benitez prend le volant d'une voiture blanche et tout le monde grimpe. Ils se dirigent vers Leucate. Ils ont bien trente minutes de trajet, même avec une conduite sportive. Benitez se retourne en permanence pour parler, sans regarder la route. Il raconte un problème avec sa Laguna, elle l'a lâché dans une station-service la semaine dernière. Heureusement, il connaît un garage, tenu par un ami légionnaire, qui peut lui réparer ça. À l'arrière, Martine se cramponne et jette des regards inquiets à François.

Une fois au restaurant, Benitez ne laisse personne ouvrir le menu. Ce sera parillada pour tout le monde, cet assortiment de poissons avec ses couteaux en persillade. François n'est pas tellement friand de fruits de mer mais, par politesse, il se tait. À table, Benitez, particulièrement affable, parle de la Légion, des candidats, de son travail de recruteur. Le repas expédié, il se lève, commande des cafés et règle l'addition, laissant les convives circonspects.

— Il est un peu soucieux au sujet de sa femme et sa fille, tempère Magdalena.

Un petit tour au port avec une glace, puis encore un verre et les deux couples se quittent, heureux de leur soirée. Rue Richepin, l'ivresse amoureuse entraîne les deux amants dans la chambre d'Allison. Aucune culpabilité. Trois jours d'insouciance, avec forcément des séances de bronzage à La Franqui, où Benitez a l'habitude de faire du naturisme, et sur la plage du Baobab à Leucate. Le légionnaire ne laisse pas de doute sur sa relation avec celle qui l'accompagne. La serveuse trouve d'ailleurs son attitude un peu gênante, mais après tout, c'est un habitué qui a toujours l'élégance de laisser un pourboire.

Il profite de la présence de Magdalena pour passer au garage de Cyril S. récupérer sa Laguna et la ramener au domicile rue Richepin. Cette fois, c'était un problème de direction.

Le soir, ils regardent la télévision, les fenêtres ouvertes pendant que des voisins s'écharpent dans la rue. Un spectacle fréquent dans le Bas-Vernet. Benitez se lève pour vérifier que ce n'est pas devant sa porte de garage, et se rassoit, lorsque l'un de ses téléphones sonne. Une amie d'Allison cherche à la joindre. Il évacue l'appel, mais auprès de sa maîtresse, il se laisse envahir par l'émotion. Sa « Pépette » aurait dû lui faire un signe.

— Avant de partir à Toulouse, elle ne m'a même pas embrassé, se lamente-t-il.

Dimanche matin, Magdalena se sent un peu fiévreuse et pense qu'elle couve une angine. Elle veut rentrer. Il dépose son « amor » à Barcelone, et retrouve, deux heures plus tard, Laura, sa belle-fille, accourue auprès de celui qu'elle vénère et qu'en toutes circonstances elle a toujours soutenu face à sa mère. Sur le quai de la gare, en provenance de Montpellier, la jeune femme, gracieuse et élancée, se jette dans les bras de son beau-père.

Enfin, quatre jours plus tard, le 25 juillet, Benitez et Laura se déplacent au commissariat où ils sont reçus. Là, il revient sur une vague dispute de couple et la décision irrévocable de sa femme de quitter Perpignan pour Toulouse.

Il ressort troublé de chez les policiers.

— S'il leur est arrivé quelque chose, je me tuerai, confesse-t-il, en larmes, à Laura.

Le vendredi 26 juillet, c'est un homme brisé qui attend Magdalena dans sa Laguna noire, au pied du consulat de France à Barcelone. Le sémillant légionnaire a perdu de sa superbe, il cherche le réconfort. Sans pudeur, il s'écroule, en pleurs. Nerveusement, une fois de plus, il tente de joindre Allison sur son téléphone, puis Marie-Josée devant sa maîtresse. La peine est de courte durée. Benitez et Magdalena vont s'étendre et se détendre quelques heures sur la plage, profitent du soleil et terminent la soirée au cinéma.

Au même moment, les enquêteurs tentent de tracer Allison sur la Toile. Des affiches sont placardées dans toute la ville. Dans les médias, un appel à témoins est diffusé.

Le 30 juillet, encore, il supplie Magdalena de revenir. Il se sent mal. Les journalistes rôdent autour de chez lui. Il propose de se retrouver dans un hôtel, le Campanile, près du péage, à Perpignan. Chambre 119 à la sortie 42 de l'autoroute. Elle arrive à minuit, repart à l'aube.

40.

Mardi 6 août 2013, 15 h 21,
antenne de police judiciaire, Perpignan

Avons mandé et constatons que se présente devant nous Mme V. Gabriella […], employée en tant que gestionnaire en immobilier […].

Nous sommes bien les gestionnaires du logement situé au 28, rue Richepin, 66000 Perpignan, appartement situé au 1er étage (avec le garage). J'ai bien reçu M. Benitez Francisco à notre agence la semaine du 15 au 19 juillet 2013. Je suis sûre des dates car nous sommes ouverts du lundi au vendredi inclus. Je sais qu'il s'agit de cette semaine car c'était au retour des congés de ma collègue.

Il s'est présenté, je ne sais pas quel jour de cette semaine-là mais je me souviens l'avoir reçu car il voulait savoir comment résilier son bail suite à une mutation à venir. Je me souviens parfaitement qu'il a parlé de l'Arabie saoudite. Cela m'a frappée car ce n'est pas un pays courant comme destination. Cependant cela ne m'a pas étonnée car il était militaire.

Je lui ai donné la marche à suivre sans préciser qu'il lui fallait la signature de son épouse. Je lui ai précisé que s'il avait un justificatif de mutation, son préavis était réduit à un mois. Il a dit qu'il était d'accord et il a précisé que l'appartement pouvait intéresser un ami ou un collègue, je ne sais plus. Cette personne devait le visiter dans la semaine.

Il payait par virement bancaire mais je pense que la première fois sa femme a dû l'accompagner pour la signature.

Par la suite, l'agence a reçu un recommandé avec avis de réception de la part de M. Benitez Francisco le 25 juillet 2013, indiquant qu'ils voulaient quitter l'appartement en prétextant une mutation.

Nous lui avons répondu par courrier en date du 29 juillet que la signature de Mme Benitez Marie, en tant que cotitulaire du bail, était obligatoire. Ma collègue l'a eu au téléphone et il lui a précisé que le justificatif de mutation arriverait mi-août.

Je vous remets une copie de la lettre qui nous a été adressée par M. Benitez Francisco, du recommandé, et notre réponse. Je vous fais parvenir par e-mail toutes les coordonnées en notre possession concernant le bail de M. Benitez Francisco.

[...]

Nous n'avons pas de problèmes particuliers avec ces locataires, si ce n'est une histoire de surconsommation d'électricité.

Après lecture faite par elle-même, Mme V. Gabriella persiste et signe avec nous à 16 heures.

Mr Benitez Francisco
04 68 08 22 80
28 rue Jean Richepin
66000 Perpignan

Perpignan le 24 juillet 2013

Madame, Monsieur,

Suite à une mutation en fin d'été, nous sommes dans l'obligation de quitter notre appartement au 31 août 2013, c'est la raison pour laquelle je souhaiterais que l'état des lieux soit réalisé le 29 ou 30 août suivant vos disponibilités.

Restant à votre disposition, je vous prie d'accepter mes salutations sincères.

Benitez [1]

1. Le courrier dactylographié est signé Benitez. Sans fautes, je m'interroge encore sur l'auteur de ce document. Peut-être a-t-il simplement recopié un modèle sur Internet.

41.

Dimanche 4 août 2013, dernière soirée, Perpignan

Son message vidéo s'apparente à la chronique d'une mort annoncée. Il se sait condamné. Elles ne reviendront pas. Tel un artiste avant le tomber de rideau, l'adjudant-chef Benitez organise minutieusement sa sortie de scène. Trois ans après, je refais le parcours minutieux des dernières heures du condamné.

Narcissique, il entame une sorte de tournée d'adieu. D'abord, il éloigne Laura de la ville. Elle découvrira plus tard qu'il avait déposé discrètement dans sa valise des objets de valeur, les bijoux de Marie-Josée, un Caméscope. On croirait le butin d'un voleur.

14 h 26, Francisco appelle son frère Javier à Séville, l'implorant de cacher à ses parents *El Mundo*, le quotidien espagnol qui reprend le drame en une sur Internet avec la photo des disparues.

— Je suis sur le point de faire une bêtise parce que je ne tiens plus, putain ! lâche-t-il à son frère entre deux sanglots.

Benitez se doute que les enquêteurs l'écoutent. Sa parole n'est pas libre, il n'en dit pas assez. Son frère tente de le rassurer et le supplie d'attendre. Benitez promet d'y penser.

17 h 30, je le rencontre.

À peine m'a-t-il déposée au Mercure qu'il prend le temps de rencontrer Édouard, son beau-frère, dans un fast-food à l'extérieur de Perpignan. Un café dans un gobelet en carton à la main, il s'assoit sur la terrasse. Personne ne penserait à venir le chercher ici. Il pleure autant qu'il peut. Son téléphone n'arrête pas de sonner, ses proches s'inquiètent pour lui.

Ensuite il confie ses chiens au subordonné Cyril S. à Leucate.

— Pour trois jours, s'ils t'embêtent tu les mets à la fourrière.

En le voyant partir, un quart de seconde la pensée le traverse que son chef pourrait se supprimer. La suite ne l'a guère étonné.

Sur le chemin du retour, Benitez s'arrête au domicile de Boris S., un autre collègue de la Légion, chez qui il mange un steak et des pâtes. Il s'assure qu'il a bien visionné son témoignage sur la page du site de *Paris Match* posté à 21 heures. Il tient à être vu.

Vers 22 heures, Benitez passe chez Diana. Son mari n'est pas encore rentré ; avant de lui ouvrir, elle demande à sa fille de dix-sept ans de monter à l'étage. Benitez porte le même tee-shirt que sur la vidéo, Diana le trouve un peu négligé. Ils s'assoient dans le jardin. Diana lui propose un remontant, il accepte un Coca. Il insiste pour qu'ils visionnent ensemble son témoignage, mais elle refuse.

Dans un souffle, il lâche :

— Elles sont mortes !

Son aura a pâli. Benitez ne porte plus beau. C'en est fini de l'allure dynamique ou hyperactive. Il n'y a plus d'étincelle dans ses yeux. Pressentant le pire, Diana lui rétorque :

— Ne fais pas ça.

Elle préférerait le garder pour la nuit. Il refuse.

— Je dois finir ma liste.

Et puis, il dit avoir réservé une chambre au Campanile. En quittant les lieux, Benitez serre Diana dans ses bras, et murmure :

— Un jour, tu comprendras.

Elle lui fait promettre de venir au bureau le lendemain. Il le jure, pour le café.

— À demain.

À minuit passé, il regagne la caserne déserte.

Il n'oublie pas pour autant ses conquêtes. À Lisa suspicieuse, rencontrée sur le site Flirt, il se justifie par un « tu me connais je ne peux pas avoir fait cela ». À Carmen, en guise d'excuse pour leur rupture en avril 2013, il demande pardon et adresse un dernier SMS : « Je pas voulu te faire suffrir ». Il est 3 h 30 du matin. Elle aussi sent le drame : « Ne fais de bêtise. » Ce dernier message restera sans réponse.

42.

Lundi 5 août 2013, dans la nuit, en Galice

C'est une soirée d'été comme les autres. Les vacances commencent à peine. À l'heure espagnole, Magdalena dîne dehors. Elle semble absente. La peur a monté en elle, ce mauvais pressentiment ne la lâche pas. Elle devrait être aux côtés de Benitez, son amant. Loin d'elle, il serait capable de commettre l'irréparable. Dans sa tête, tout se bouscule. Plus la soirée avance, plus elle s'en convainc. Le gouffre se rapproche et l'aspire. Elle maudit la distance qui la sépare de celui qu'elle aime.

La nuit est bien entamée et l'obscurité s'est épaissie lorsqu'elle prend la route pour regagner la maison de ses parents. Minuit passé, son portable sonne deux fois. C'est lui, c'est Benitez, le « Kiko » de son répertoire, mais elle est en train de conduire. Elle ne prend pas les appels.

À peine arrivée à destination, elle se précipite sur le téléphone fixe et compose le numéro de Benitez. À plus de mille kilomètres, dans son village natal, cernée par parents et enfants, elle ignore encore qu'elle sera la dernière à lui parler. Elle le sent en danger et l'implore de ne pas passer à l'acte.

2 h 13 :

— Francisco, reste avec moi ! S'il te plaît, ne fais pas de bêtise, tu vas me détruire ! (Les larmes montent brusquement, elle s'est contenue toute la soirée.) Je t'aime à la folie, tu es ma vie et tu le sais et tu me connais car je suis comme toi, tu sais. Tu m'entends ? J'en mourrais… (Elle chuchote pour ne pas se faire repérer mais ses sanglots l'emportent.)

À Perpignan, à l'autre bout du fil, le légionnaire la rassure.

— Écoute, ne te tracasse pas, écoute, je suis tranquille à l'hôtel dans lequel nous sommes allés l'autre jour, je suis tranquille et nous allons dormir tranquillement, d'accord ? Moi je ne vais rien te dire de plus, tu sais déjà tout. Parle-moi de demain, parle-moi de demain, s'il te plaît ?

— Eh bien demain, je veux être à côté de toi, c'est ça, prendre l'avion et venir à tes côtés et être avec toi, c'est ce que je pensais faire parce que c'est ce que j'aurais déjà dû faire, être à tes côtés, je veux être avec toi. Mon seul désir, c'est d'être avec toi, à chaque instant, s'il te plaît qu'il ne te passe pas par la tête de faire quoi que ce soit…

— Magda, chut, ne t'inquiète pas s'il te plaît.

— Promets-moi que tu ne vas rien faire. Kiko, ne mets pas fin à tes jours !

— Mon amour, s'il te plaît, changeons de conversation car c'est en train de me prendre la tête.

— D'accord, mais toi, promets-le-moi. Dis-moi que tu ne vas rien faire, dis-le-moi et comme ça je ne m'inquiète pas.

— Mon amour, s'il te plaît.

Les mots qu'elle entend la font suffoquer. Chaque réponse qu'il lui donne est comme une lame qui s'enfonce un peu plus en elle.

— Kiko, dis-le-moi ! Dis-le-moi ! Pourquoi tu ne peux pas me le dire ? Tu n'es qu'un idiot, fils de pute ! Pourquoi tu ne me le dis pas ?

— Magda, s'il te plaît, je ne veux pas te voir comme ça.

— Mais comment tu veux me voir ? Ne va pas plus vite que les événements s'il te plaît, Kiko, ne va pas plus vite que les événements. Ce ne sont que des suppositions, des putains de suppositions, penses-y. Soyons forts s'il te plaît, attends !

— Tu as raison, je vais t'attendre, d'accord, je vais attendre.

Magda souffle. Elle pense l'avoir un peu convaincu.

— Oh, nom de Dieu ! Tu ne peux pas penser que parce que tu n'as pas de nouvelles de ta fille… ce n'est pas normal de penser comme ça, une personne comme toi, qui a vécu tout ce qu'elle a vécu !

— Magda, Magda, ce n'était pas la même situation (avec un ton désemparé, il pleure aussi), mon amour, ce n'est pas la même situation…

— Regarde bien, tu as une femme qui est en train de te faire la « misère » pour tout ce que tu lui as fait subir du fait de ne pas être avec elle, et toi, tu veux mettre fin à tes jours parce qu'elle a disparu…

— Magda, Magda, Magda, s'il te plaît, raisonne-toi deux minutes, s'il te plaît. Ma fille n'a jamais coupé les ponts avec moi, Magda. Un jour ou deux oui, trois peut-être, mais pas deux semaines, trois semaines, Magda, sois réaliste, putain !

— Kiko ? Kiko ? Tu as quarante-neuf ans et la vie devant toi (Elle répond aussi vite que possible. Elle a presque crié. Autour d'elle, rien ne s'agite. À cette heure, la maison est si paisible.)

— Magda, mon amour, écoute s'il te plaît, fais comme moi, va te rafraîchir, je te rappelle plus tard. Je vais essayer d'appeler mon frère, je t'appelle plus tard. Tu comprends ? Écoute, je te le promets, tu vas dormir ou pas ?

— Je ne veux pas arrêter de parler (elle pleure).

— Magda, je t'appelle d'ici vingt, trente minutes !

— Ne raccroche pas. Non je ne veux pas, pourquoi tu vas m'appeler dans trente minutes ? Pour me dire adieu ? Hein ?

— Non, pour parler avec toi, parler de demain et d'après-demain !

— Demain, c'est un demain comme je veux te les offrir, je t'offre un demain, quoi qu'il se passe, que ta fille réapparaisse ou s'il lui est arrivé quelque chose. Il faut être réaliste quoi qu'il arrive. Je t'offre ma vie, mon amour, ma compréhension, je t'offre mes épaules, mon appui pour pleurer. Tout ce que tu veux, je t'offre tout ça. Je t'offre mes épaules tous les jours, je ne veux rien, je veux Kiko. Je t'aime même si tu ne ris pas, je t'aime toi ! Tu ne le comprends donc pas ? (Elle chuchote et pleure en même temps.) Tu ne comprends pas que je t'aime à la folie ? Et ça m'est égal que tu sois triste toute ta vie, les trente années qui nous restent à être ensemble, je veux vivre avec toi, ne me fais pas ça.

Jamais elle n'avait fait une telle déclaration auparavant. Les mots sont sortis tout seuls.

— Magda, s'il te plaît, mon amour ! (Il s'effondre et elle s'acharne.)

— Kiko, si réellement... Kiko, écoute-moi. Si réellement il est arrivé quelque chose à ta fille, moi je veux être ton soutien et continuer à aller de l'avant, ne mets pas fin à tes jours !

— Magda, Magda, écoute, Magda, Magda, Magda, je deviendrai fou, je deviendrai fou !

— Non, tu ne deviendras pas fou parce que je serai à tes côtés ! Comment tu serais, toi, si la personne que tu aimes le plus dans ta vie, hein, te disait une chose pareille ? Comment tu serais ? Hein ? Et demain, quand je vais me lever je ne pourrai pas parler avec toi et je ne resterai pas dans mon village, je vais à Barcelone et j'y reste, et les filles resteront avec leur père. (Elle s'énerve et parle si vite tout à coup.)

— Tu vas m'écouter (ton plus directif, il parle doucement, il perd patience à son tour), tu vas te calmer. J'ai pris deux pastilles, je suis vraiment très calme, très calme.

— Non ! Je quitterai ma vie pour toi.

— Magda, je te promets de t'appeler, je t'appelle, mon amour !

— Non, promets-moi que tu vas me téléphoner demain, moi je vais me lever à 8 heures du matin, promets-moi que tu m'appelleras demain, promets-le-moi ! (Un silence.) Kiko ? (Silence avec des pleurs.) Promets-le-moi ! Tu ne m'aimes pas ?

— Magda, je t'en prie ! (On entend Magda se mettre à pleurer.) Magda, je te promets que je ne fais rien, je te téléphone après, vraiment ! Magda, garde le téléphone, c'est un téléphone portatif ou pas ?

— Oui !

— Bon, ben garde-le avec toi tranquillement et couche-toi un peu avec ta fille, s'il te plaît, Magda, fais-moi cette faveur (il la supplie mollement).

— Ne fais pas de bêtise !

— Je te promets, occupe-toi de ta fille, OK ? Reste avec ta fille, bisou (sa voix s'est radoucie).

Benitez a raccroché.

Magda se sent si seule. Comment lui porter assistance ? Son amant est en danger de mort et tout le monde dort. Magda se rappelle bien l'hôtel dont il parle. Elle ne se souvient plus du nom, mais du numéro de la chambre, 119, et de la sortie numéro 42 sur l'autoroute. Affolée, elle décide d'essayer d'appeler les secours. Elle tente d'abord les numéros espagnols. Le 061 pour signaler la situation, puis le numéro d'urgence 666. Elle réfléchit à toute vitesse, compose ensuite un autre numéro, celui des Mossos d'Esquadra, les policiers catalans. Elle tombe d'abord sur un fax, puis trouve le contact qui transfère l'appel à une gendarmerie française à qui elle explique l'histoire. Ils lui conseillent de composer le 17, en vain, ça ne fonctionne pas depuis une ligne espagnole. Elle essaie le 003317 et échoue encore.

Plus tard dans la nuit, il est 3 h 37 du matin.

— Oui (soupir, elle ne parvient presque pas à parler).

— Magda, s'il te plaît, ne fais pas venir la police ici à l'hôtel. (Il s'est douté de quelque chose.)

— Non, non !

— Tu l'as fait, hein ?

— Comment peux-tu me demander de te laisser tranquille ? Si moi je faisais ça, qu'est-ce que tu ferais, toi ? (Elle parle comme si elle suffoquait.)

— Magda, je dois raccrocher, d'accord ?

— Je t'en prie, ne raccroche pas ma vie, ne me fais pas ça, ne me fais pas ça ! (Elle se raccroche à cet appel. Il lui échappe. Qu'est-ce qu'elle a fait pour mériter ça ?)

— Magda, Magda, ne me rends pas la situation plus difficile, s'il te plaît.

— Alors reste avec moi, restons ensemble, c'est la seule chose que je te demande (en pleurs). Reste avec moi !

[…]

— Demain je t'appelle ! Il est 4 heures du matin. Écoute, de toute façon, vu l'état dans lequel tu es… écoute, Magda, s'il te plaît, écoute-moi, je voudrais que tu te calmes, je veux que tu te couches, et demain sur les coups de 8 heures, 8 h 30 je t'appelle, OK ?

Elle avale sa salive en sanglotant, il se débarrasse d'elle.

— OK ! Tu vas me téléphoner ? (Voix saccadée.)

— Vers 8 heures, 8 h 30, OK ? Et ensuite on prendra l'avion, d'accord ? (Magda respire fort comme si elle ne trouvait pas d'oxygène.) Calme-toi mon amour, je ne veux pas te voir comme ça !

— OK, d'accord.

— Demain vers 8 heures, 8 h 30, d'accord ?

— Demain, d'accord, et tu m'attendras ? Et on prendra l'avion…

— Chut ! Calme-toi !

— D'accord.

À l'aurore naissante, Magda, épuisée par ses supplications, abdique et accepte d'interrompre la conversation. Elle le regrette aussitôt. Rongée par le doute et l'inquiétude, elle imagine des scénarios. Et s'il n'appelait pas comme convenu au matin du 5 août ? Et s'il commettait l'irréversible ? Ces appels ne l'ont pas apaisée, au contraire.

Même la photo, tout juste prise, qu'il vient de lui adresser via son smartphone à 4 h 01, ne peut apaiser ses craintes. C'est un selfie en format paysage. Il est allongé sur un lit du dortoir de la caserne et tient l'objectif à bout de bras. Son torse nu laisse apparaître une toison qui lui recouvre la peau. Il a l'air sombre. Les sourcils froncés, les joues creusées. Derrière lui, ce n'est pas l'hôtel de leurs ébats amoureux, mais les barreaux des lits de la Légion, ceux de la salle des volontaires. C'est le dernier message qu'elle reçoit.

À 8 h 08, à peine réveillée, Magdalena constate qu'elle n'a reçu aucun appel. Elle tente de le joindre. La ligne est coupée. Vers 8 h 45, toujours pas d'appel de Benitez. Elle tape son nom sur Internet. L'info vient de tomber. Son amour a été retrouvé pendu dans sa caserne à 7 heures du matin.

Elle repense à ces discussions irréelles au long de cette nuit interminable. Elle se dit que ce n'était pas le Benitez qu'elle connaissait.

Fin de l'histoire. C'est terminé. Par réflexe, elle efface tous leurs échanges sur son portable.

43.

Samedi 14 septembre 2013, 11 h 15,
commissariat de Perpignan

Constatons que se présente Mme Nathalie T., consule générale adjointe. Après avoir prêté serment de dire toute la vérité conformément aux formes de droit, et après avoir pris connaissance de la commission rogatoire dont nous sommes chargés, la personne ci-dessus dénommée dépose comme suit :

Je prends acte que je suis entendue dans le cadre de l'affaire concernant la famille Benitez.

Je tiens à vous préciser les circonstances dans lesquelles le consulat a réceptionné un courrier destiné à Mme Magdalena.

Le 8/08/2013, l'agent en charge de la gestion du courrier, M. Josep N., a réceptionné une enveloppe de grand format, avec l'ensemble des plis destinés au consulat, vers 11 heures.

Ce pli a été ouvert avec l'ensemble du courrier administratif, et vu le contenu particulier de cette enveloppe, l'agent l'a porté au chef de Chancellerie.

L'ensemble a été manipulé avec précautions par les intervenants. Le chef de Chancellerie a avisé la consule générale, qui a décidé de conserver le pli jusqu'à l'arrivée des officiers de liaison, le lendemain 9 août. Je pense que le lien a été fait tout de suite avec l'affaire Benitez, qui a eu un fort retentissement médiatique et a été suivie par les agents du consulat. Magdalena n'a pas eu connaissance de l'arrivée de ce paquet et de son interception par nos soins.

Le 9 août, la consule générale a organisé une réunion, afin d'informer les officiers de liaison du contenu de l'enveloppe et de déterminer ce qu'il convenait d'en faire. Les officiers de liaison ont pris connaissance du contenu de l'enveloppe, avec précautions (usage de gants) et ont photographié l'écharpe et le mot qui est inscrit dessus. Il s'agit d'une écharpe de couleur mauve, portant l'inscription manuscrite suivante :

« INTENTÀ DE COMPRENDERME POR FAVOR TE QUIERO KIKO[1] »

Les officiers de liaison ont demandé au consulat de conserver le paquet et ont pris attache avec le service d'enquête afin de convenir d'un moyen de le récupérer dans le cadre de votre procédure. Je ne vois rien à ajouter concernant ce paquet que je vous remets pour les besoins de votre enquête.

[…]

Dont acte clos constituant le présent procès-verbal que l'intéressée lit personnellement et signe avec nous.

De même suite, constatons que Mme P. nous remet le paquet objet de la présente audition. Dès lors saisissons et plaçons sous scellé l'écharpe en tissu mauve supportant une inscription manuscrite.

De même suite, saisissons et plaçons sous scellé numéro Consul/DEUX une enveloppe en papier kraft, postée le 5 août

1. « Tente de me comprendre s'il te plaît je t'aime Kiko ».

depuis la France et adressée à Magdalena, Consulado de Francia.

44.

Vendredi 23 septembre 2016, 20 heures,
plage du Barcarès

« Affaire Benitez : des ossements retrouvés au Barcarès
« En creusant le sable en présence d'un médecin légiste, des recherches ont permis de découvrir ce vendredi soir sur la commune du Barcarès des ossements dont on ne connaît pas encore la nature [1]. »

Lorsque l'info tombe, je suis en reportage dans le Surrey, ce comté situé à quarante kilomètres de Londres. Je couvre pour *Paris Match* une autre histoire de couple, celle d'Angelina Jolie et Brad Pitt. Entre les deux acteurs américains, la guerre est déclarée. Elle l'accuse de violentes colères liées à sa consommation d'alcool et même de s'en être pris physiquement à leur fils aîné, Madox, quinze ans, lors d'une dispute. Le divorce n'est pas prononcé que leurs statues de cire sont séparées au musée Madame Tussauds. Le journal m'a demandé de raconter leur vie en Provence et en Angleterre, où ils vivent entre deux tournages.

---

1. Article publié sur le site de *L'Indépendant* le 23 septembre 2016.

À distance, je rappelle un à un les proches de Benitez, les avocats et les policiers pour savoir si cette piste du Barcarès est plausible. Édouard, le frère de Marie-Josée, est à l'origine de ce rebondissement. Depuis le début de l'affaire, il étudie toutes les pistes, même les plus farfelues. Cette fois, c'est une femme, qui l'a contacté via les réseaux sociaux. En 2014, elle promène son chien lorsqu'il renifle « des choses bizarres, ce qui pourrait ressembler à de longs cheveux qui sortent d'un sac plastique », dit-elle dans un message adressé au beau-frère de Benitez. Deux ans après, elle fait le lien avec les disparues. En croisant le positionnement GPS indiqué par cette femme et les informations du dossier, on tombe exactement à l'endroit depuis lequel les téléphones de Benitez ont émis des appels dans les jours suivant la disparition, non loin de l'endroit où les premières fouilles ont eu lieu et de la station d'épuration. Édouard ne réfléchit pas et se déplace, lui-même, quitte à polluer le site et interférer dans l'enquête.

Avec deux amis, entre la Presqu'île et la Coudalère, proche d'un étang, ils creusent dans les dunes, à peine profond, et trouvent des ossements. Ils sont assez petits, pas plus grands que des vertèbres ou une côte. Il imagine qu'il vient de déterrer les restes de la dépouille de sa sœur ou de sa nièce. Soigneusement il recueille les indices dans des sachets plastique bleus et demande à des médecins généralistes de les analyser. Ceux-ci lui disent pencher pour « un avant-bras ».

Il n'en faut pas plus, Édouard remet immédiatement ses sacs au SRPJ de Perpignan.

La police ne pouvait pas rêver mieux. La découverte fortuite des corps par un promeneur, c'est le dénouement idéal d'un *cold case*. Les enquêteurs envoient les éléments à l'institut médico-légal de Montpellier et se déplacent en nombre. Accompagnés d'un médecin légiste, ils creusent avec des pelles, jusqu'à la tombée de la nuit, vers 20 h 30. Le lendemain matin, la plage du Barcarès grouille de badauds avides de faits divers en bord de Rubalise, et les chaînes d'infos passent en boucle les images d'un trou dans le sable, large de deux mètres. L'affaire Benitez reprend sa place dans le tourbillon médiatique. Les envoyés spéciaux annoncent la venue de moyens importants. Je trouve cela étrange de laisser ces lieux sans protection policière.

Édouard y croit fort.

— C'est un endroit désert la nuit et pile dans un secteur où Francisco Benitez avait ses habitudes. Son portable a été localisé dans cette zone à plusieurs reprises durant les nuits qui ont suivi la double disparition le 14 juillet 2013, annonce-t-il devant des micros qui se pressent devant lui.

Un photographe le fait même poser avec des sacs plastique, supposés remplis d'ossements de ses proches. On est à la limite de la mascarade.

« Il est urgent d'attendre », me dit la rédaction, qui doute du sérieux de cette piste. Dans ma chambre d'hôtel en Angleterre, je trépigne, même si j'ai le sentiment qu'on s'emballe, je veux y être, au cas où. J'ai envie qu'on les retrouve. Je me résigne à ne pas embrayer et reste concentrée sur *Brangelina*.

Le mardi suivant, après quatre jours d'attente, Jean-Jacques Fagni, procureur de la République de Perpignan, met fin au suspense. Il annonce en conférence de presse que les analyses scientifiques ont conclu à l'origine animale des ossements, « ce n'est pas pour autant que les recherches ne vont pas se poursuivre », assure-t-il.

45.

Décembre 2023, Paris

« Elles sont mortes ! »

La veille de son suicide, Francisco Benitez lâche cette bombe et condamne Marie-Josée et Allison. Dix ans après le début de cette histoire, il faut se rendre à l'évidence. Il n'y a plus de survivants. Benitez était un vortex. Autour de lui, elles disparaissent. Il a tout aspiré sur son passage. Il s'est tué pour éloigner le doute, mais cela a eu l'effet inverse : le rapprocher encore un peu plus de la culpabilité.

En 2023, il n'est plus question de reléguer les homicides volontaires et les disparitions inquiétantes de femmes en faits divers isolés. Le crime passionnel, ce scénario arrangeant du meurtre par « amour fou », appartient à la vision d'autrefois, un alibi commode, tragique et faussement romantique.

Il a laissé place aux féminicides.

Prise dans l'engrenage des reportages, je n'ai pas mesuré l'ampleur de ce qu'il se passait lorsque #MeToo a déferlé avec ses témoignages intimes d'inconnues, dévoilés pour sauver les autres. Tout est sorti dans un cri ininterrompu, des agressions sexuelles aux violences conjugales. Bien plus tard, en écrivant les récits des disparues de l'affaire Benitez, les témoignages des victimes #MeToo me sont revenus en boomerang. J'ai repensé à l'humiliation de Simone laissée nue sur le bord de la route, à Marie-Josée abusée par les hommes toute sa vie, aux refus de séparation de Benitez, à sa passion pour sa fille, aux traces de sang retrouvées par la PJ, à l'information judiciaire pour assassinats… Je me suis dit qu'il fallait reprendre l'affaire Benitez à la lumière de cette prise de conscience collective.

J'ai longtemps repoussé l'idée d'un livre. Parce que je pensais que je n'avais pas la fin de l'histoire. Je savais aussi qu'il fallait m'impliquer, m'installer dans le récit et trouver la bonne distance, alors que je me sens plus à l'aise hors champ. Et puis, l'idée a fait son chemin. Des affaires comme celle-là, il n'y en a pas beaucoup dans une vie de journaliste. J'ai appris le métier sur les pas de Benitez et d'une certaine manière, il a joué un rôle dans mon initiation au journalisme. J'ai été un personnage de l'histoire, malgré moi, et être aussi près de l'événement m'a plu. J'ai eu cette envie irrépressible de tout raconter.

J'ai gardé tellement de détails de cette histoire dans un coin de ma tête. Je savais que j'allais m'en servir un jour où l'autre. Comme ce dossier beige resté sur un coin de bureau. Il s'abîme doucement et la couleur paraît légèrement passée. J'y ai compilé quatre carnets à spirale, des coupures de presse, principalement de *L'Indépendant* et de *Midi libre*, quelques dépêches AFP, une clé USB et un disque dur. À force, il s'est un peu bombé. Il y a aussi des notes manuscrites sur des feuilles volantes, mes centaines de photos dans mon téléphone de l'époque, un iPhone deuxième génération. Il s'allume toujours, avec mon frère et moi en fond d'écran. J'y ai même retrouvé mes échanges avec Benitez, mes demandes d'interview auprès de ses maîtresses, les enregistrements de mes entretiens, mes photos, etc. Tout y est figé. C'est en relisant ces messages que l'idée de reprendre mon carnet de bord est née.

En mai 2021, je me décide. Je relis mes notes en totalité. Les souvenirs ressurgissent et s'assemblent comme des images de film. Pendant deux ans, je reconstitue la famille bouleversée par les drames, puis le père, le fils, le mari, l'amant, le tueur, le légionnaire, le présumé coupable. Je réécoute mes entretiens enregistrés. Jusqu'à la fin de sa vie, Benitez aura trompé son monde et abusé les consciences, avec son allure de séducteur et son sourire enjôleur. Je cherche des indices sur l'amorce du drame : la facture EDF objet d'une dispute avec Marie-Josée, les mensonges de Benitez, l'honneur de la Légion, etc. Est-ce qu'on aurait pu prévenir ce qui allait arriver ? Dans le fond, je crois que je cherche à faire avouer ses crimes à Benitez.

J'ai tout lu sur cet homme. Je pense même que j'ai fini par le connaître mieux que certains membres de ma propre famille. J'ai trouvé des réponses à mes questions, mais aucune « fin » qui convienne.

L'affaire des disparues de Perpignan ne fait plus la une et les juges d'instruction se succèdent sans rien apporter de nouveau au dossier. En l'état, sans Benitez dans le box des accusés, il n'y aura pas de procès et le dossier restera au placard. Le seul espoir des parties civiles serait qu'un confident, ou un complice pris de remords, accepte un jour de parler.

Les mots du procureur adjoint du tribunal de Perpignan, Luc-André Lenormand, restent à ce jour l'unique conclusion de la justice : « S'il a un secret, il l'a emporté [1]. »

---

1. Conférence de presse du 5 août 2013.

Que le corps ne soit jamais retrouvé, c'est le crime parfait. Depuis presque vingt ans pour Simone et dix ans pour Marie-Josée et Allison, rien ne se passe. Elles restent introuvables.

Les parties civiles gardent l'espoir qu'un nouveau magistrat instructeur s'intéresse à elles. Ce livre est, pour moi, le seul moyen de ne pas réduire cette affaire à un entrefilet à la date anniversaire des disparitions. Pour qu'il en reste quelque chose.

Remerciements

Merci à toutes les personnes qui ont accepté de me confier leurs témoignages et leurs souvenirs. Ce récit est dédié aux disparues et à leurs familles.

Je remercie les journalistes et photographes croisés sur le terrain. Une pensée particulière pour Marie Adam-Affortit, Nathalie Hadj, Benjamin Girette et Virginie Clavières qui ont participé activement à cette enquête.

Merci à mes fidèles amis de *Match* qui m'ont tant appris. Merci à Flore Olive de m'avoir ouvert les portes de ce métier.

Merci à Hélène Constanty qui a su m'éclairer et me conseiller grâce à sa passion du récit.

Merci à Françoise Fressoz pour son cours sur le portrait, il y a plus de dix ans.

Merci aux équipes de Flammarion, Véronique de Bure d'y avoir cru et Guillaume Robert pour son précieux accompagnement.

Merci à mon comité de relecture qui saura se reconnaître. Je remercie mes parents et mon frère de soutenir mes prises de risques. Merci enfin à Coco et Gaspard, sans qui rien ne serait possible.

Imprimé en France par CPI
en avril 2024

Cet ouvrage a été mis en pages par

<pixellence>

N° d'édition : 547929-0
Dépôt légal : mai 2024
N° d'impression : 179111